EL MUNDO DE LA ASTRONOMÍA

Carole Stott

PANAMERICANA
EDITORIAL

Publicado en acuerdo con Kingfisher Publications Plc
Título original: *The World of Astronomy*

New Penderel House,
283-288 High Holborn,
Londres WC1V 7HZ

Editor: Catherine Brereton
Diseño: Mark Bristow
Diseño de carátula: Heidi Appleton
Asesor: Dra. Margaret Penston, Instituto de Astronomía de la Universidad de Cambridge (Real Sociedad de Astronomía).
Índice: Sue Lightfoot
Controladores de producción sénior: Nancy Roberts, Lindsey Scott
Director DTP: Sarah Pfitzner
Investigación fotográfica: Rachael Swann
Archivo de ilustraciones: Wendy Allison, Jenny Lord

Primera edición en Panamericana Editorial Ltda., diciembre de 2006

Dirección editorial: Conrado Zuluaga
Edición en español: Diana López de Mesa Oses
Traducción: Adryana Pérez de la Espriella
Calle 12 No. 34-20 Tels.: 3603077 – 2770100 / Fax: (57 1) 2373805
panaedit@panamericanaeditorial.com
Bogotá D.C., Colombia
ISBN-13: 978-958-30-2311-8
ISBN-10: 958-30-2311-6

Impreso en China
Printed in China

Stott, Carole
El mundo de la astronomía / Carole Stott; traductor Adryana Pérez de la Espriella; ilustrador Jonathan Adams — Bogotá: Panamericana Editorial, 2006.
64 p. : il.; 28 cm. — (El mundo de ...)
Incluye glosario e índice.
ISBN-13: 978-958-30-2311-8
ISBN-10: 958-30-2311-6
1. Astronomía - Literatura infantil 2. Sistema solar - Literatura Infantil 3. Estrellas (Astronomía) - Literatura infantil 4. Astrofísica - Literatura infantil I. Pérez de la Espriella, Adryana, tr. II. Adams, Jonathan, il. III. Tít. IV. Serie.
523.2 cd 20 ed.
A1086840

CEP-Banco de la República-Biblioteca Luis Ángel Arango

El editor agradece a **Royal Astronomical Society** su ayuda y colaboración en la producción de este libro.
Desde su creación en 1820, los colaboradores de Royal Astronomical Society han trabajado por el avance de la Astronomía y de la Geofísica traspasando las fronteras de la investigación científica. La Sociedad patrocina el trabajo científico y la divulgación de los resultados en el mundo, a través de conferencias, publicaciones e Internet. La Sociedad brinda información y aconseja a los jóvenes que quieren ser astrónomos o geofísicos y a sus maestros.
Si desea saber más acerca de la Sociedad visite su página web: www.ras.org.uk

CONTENIDO

EL UNIVERSO

Desde la Tierra podemos observar el universo. Las personas siempre lo han hecho. Muchos simplemente han disfrutado el esplendor de un cielo estrellado o han mirado con asombro la Luna brillante. Otros han hecho más que asombrarse y han investigado cómo son esos lugares. El estudio científico de las estrellas y los planetas se denomina astronomía, y los hombres y mujeres que realizan este trabajo son astrónomos. Ellos descubren fascinantes lugares en el universo e intrigantes mundos, para que todos los comprendamos y disfrutemos. También explican cómo todo está relacionado entre sí y cómo cambia el universo con el tiempo. Incluso han seguido las pistas de su pasado y predicho su futuro.

Estudio del universo

Los científicos se acercan a su objeto de estudio; pero los astrónomos trabajan a gran distancia. Utilizan herramientas y técnicas para estudiar las estrellas y los planetas desde la Tierra.
La herramienta fundamental para ellos es el telescopio, aunque hay cosas que se pueden observar a simple vista. El primer paso para ser un astrónomo es mirar hacia arriba y entrar al universo.

¿Qué es el universo?

El universo es todo lo que existe, comprende la Tierra, lo que está sobre ella y todo lo que la circunda. Incluye desde las partículas más pequeñas hasta las galaxias más grandes, los planetas congelados, las estrellas en explosión, los agujeros en el espacio y la vida misma. Todo en el universo está hecho de los mismos elementos químicos que encontramos sobre la Tierra, y las leyes de la ciencia que operan en nuestro planeta también gobiernan el universo entero.

Observación del cielo
Los astrónomos profesionales utilizan poderosos telescopios instalados en observatorios, en la cima de montañas (izquierda). Los astrónomos aficionados observan a simple vista, utilizan binoculares o telescopios portátiles (derecha).

Galaxias
Los astrónomos descubren nuevas cosas todo el tiempo. A comienzos del siglo XX, sólo conocíamos una galaxia. Ahora sabemos que existen millones de ellas, incluyendo el Sombrero (arriba) y M33 (derecha).

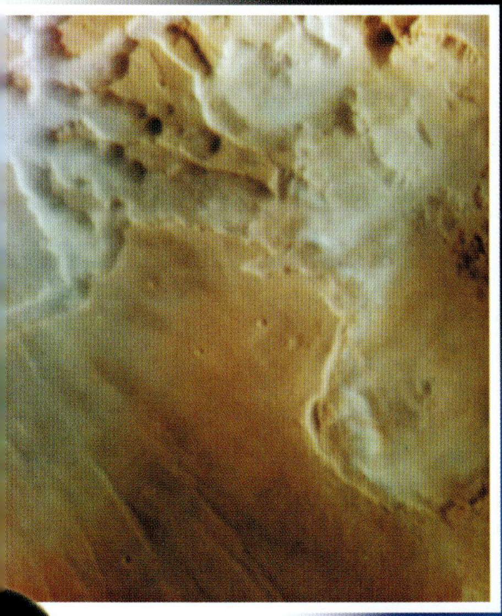

La Luna
Al estudiar las relaciones de la Tierra con la Luna, los astrónomos descubrieron que la gravedad es universal. Todo en el universo tiene gravedad y está afectado por ella.

Planetas
Por más de 40 años, los astrónomos han utilizado sondas espaciales para que trabajen en el espacio por ellos. Éstas han mostrado panoramas de los planetas imposibles de observar desde la Tierra, como la superficie de Marte (arriba).

La Tierra
Al investigar el universo que nos rodea, aprendemos más acerca de la Tierra. Hemos aprendido sobre su pasado, su presente y su futuro.

Vista desde la Tierra

Observa desde la Tierra un cielo sin nubes y estarás viendo dentro del universo. En cualquier dirección que mires hay estrellas. Durante el día sólo una es visible, su luz ilumina el cielo y opaca a las demás. Esta estrella es el Sol, que está tan cerca que no debería mirarse directamente, pues su luz puede dañar nuestros ojos. Durante la noche, vemos un cielo lleno de estrellas más distantes. Parecen estar fijas en un telón de fondo que se mueve con el tiempo. La Luna y los planetas viajan por este fondo estrellado. Ocasionalmente se ve un visitante pasajero, como un cometa.

Cielo estrellado

Lo que veas del universo depende del lugar desde el cual observas, la dirección en que mires, la fecha y el momento. El objeto más común que observarás será una estrella. Cada una de ellas hace parte de la Vía Láctea, nuestra galaxia. Si ves un camino lechoso, brillante, que atraviesa el cielo, significa que estás observando el corazón de la galaxia.

Diseños de estrellas
Las estrellas más brillantes en el cielo nocturno hacen parte de las constelaciones. Las estrellas difieren no sólo en su brillo, sino también en su color, tamaño y distancia. Una supergigante roja marca un hombro de Orión, el cazador, y la nebulosa de Orión, una enorme nube de gas y polvo, es la espada que cuelga de su cinturón de estrellas.

La Luna

La Luna es el objeto espacial más cercano a la Tierra y puede ser vista en nuestro cielo. Podemos distinguir diferentes características sobre su superficie con sólo observarla a simple vista, pero con binoculares o un telescopio podremos ver más. Los objetos más lejanos y más grandes, como los planetas y las galaxias, parecen más pequeños que la Luna, pero son de todas formas fáciles de distinguir. Telescopios ubicados en la Tierra y en el espacio nos revelan sus detalles.

La Luna y los planetas

Ni la Luna ni los planetas tienen luz propia, pero brillan gracias a que reflejan la luz del Sol. Éstos siempre se pueden ver dentro de una franja particular del cielo. Esta banda en el cielo, compuesta por doce constelaciones, recibe el nombre de zodiaco. La Luna y los planetas viajan a través del telón de fondo del zodiaco, la banda circula alrededor de nosotros, por encima de la línea del ecuador de la Tierra.

No importa dónde te encuentres, desde la Tierra siempre puedes mirar el zodiaco, la Luna y los planetas.

Los primeros astrónomos

Las primeras personas que miraron hacia el cielo y se preguntaron qué estaban observando, fueron los primeros astrónomos. Estos observadores que miraron el cielo miles de años atrás, dibujaron figuras imaginarias alrededor de las estrellas, identificaron cinco planetas, y utilizaron los movimientos del Sol y la Luna en el cielo para medir el tiempo. En Europa, Asia y África crearon mitos e historias acerca del cielo y lo que hay en él. No conocían mucho sobre el universo y le temían a aquello que no comprendían.

Miedo a lo desconocido
Los antiguos astrónomos chinos registraron cometas y eclipses. Pero la repentina aparición de un cometa o el oscurecimiento del Sol durante un eclipse les aterraba. Creían que un dragón trataba de comerse el Sol. Tocaban tambores y gongs y disparaban flechas hacia el cielo para asustar al dragón y alejarlo.

El universo egipcio
Los antiguos egipcios creían que la diosa del cielo, Nut, se arqueaba sobre la Tierra. Su cuerpo estaba hecho de estrellas y aparecía en nuestro cielo como el camino de la Vía Láctea. Nut estaba sostenida por Shu, el dios de la luz y del aire. Debajo de ellos estaba Geb, el marido de Nut, el dios de la Tierra.

Primeros observatorios

Con los siglos, los astrónomos comenzaron a hallarle sentido a lo que veían. Realizaron observaciones regulares, tomaron medidas, registraron las estrellas y explicaron cómo encajaban las partes conocidas del universo. Se construyeron edificaciones para uso astronómico. Los mayas construyeron el Templo del Caracol en México (izquierda, arriba) hace miles de años. Por sus ventanas puede verse Venus en fechas especiales.

Calendario

Muchos pueblos crearon calendarios basados en el movimiento diario y anual del Sol y en el perfil cambiante de la Luna. Los aztecas, que vivieron en Centroamérica cerca de 500 años atrás, tenían un calendario exacto. Su dios Sol se encuentra en el centro y los días están tallados alrededor de él.

Divulgación

Personas en distintas partes han indagado sobre el universo. Los babilonios, que vivieron en el Cercano Oriente hace 4.000 años, tuvieron el conocimiento astronómico más avanzado de los tiempos antiguos. Comparados con los astrónomos de hoy, conocían muy poco, pero nuestro conocimiento puede ser rastreado hasta ellos. El trabajo de los babilonios fue desarrollado por los antiguos griegos, y se recuperó en la Europa medieval gracias a los pueblos árabes.

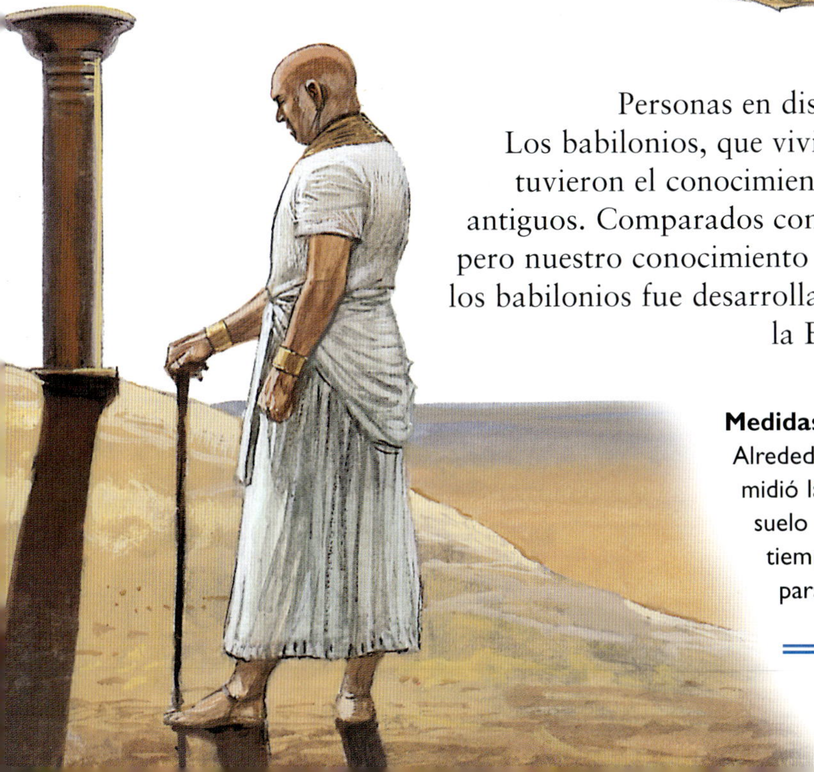

Medidas

Alrededor del año 200 a. de C., el astrónomo griego Eratóstenes midió la Tierra. Comparó la forma como la luz del Sol llegaba al suelo en las regiones egipcias de Syrene y Alejandría, al mismo tiempo, en un día de verano. Luego utilizó sus descubrimientos para calcular el tamaño de la Tierra.

El centro del universo

Los astrónomos del mundo antiguo creían que la Tierra era el centro del universo, y que el Sol y otros objetos se movían alrededor de ella. Éstas creencias y otros conocimientos astronómicos fueron recopilados en *Almagest*, un libro escrito por el astrónomo griego Claudio Ptolomeo, en el siglo II. Se creyó en la teoría de Ptolomeo hasta el siglo XVI, cuando una idea revolucionaria cambió la manera de pensar de los astrónomos. Nicolás Copérnico propuso una nueva teoría sobre cómo funcionaba el universo. Él creía que el Sol estaba en el centro. Más adelante, otros astrónomos probaron esta hipótesis.

Pensamiento revolucionario
Copérnico creía que la Tierra y los otros planetas se movían alrededor del Sol.
Su libro *De Revolutionibus Orbium Coelestium* de 1543, marcó un punto de giro en nuestra comprensión del universo.

Ideas que cambian

Durante miles de años, los astrónomos pensaron que el universo era mucho más pequeño de lo que realmente es. Conocían la Tierra, su Luna, y otros cinco planetas: Mercurio, Venus, Marte, Júpiter y Saturno. Creían que la Tierra permanecía inmóvil y que el Sol, la Luna y los planetas giraban alrededor suyo, y que una esfera de estrellas marcaba el borde del universo. Esta idea fue reemplazada por la teoría de Copérnico, que afirmaba que el Sol permanecía inmóvil y que los planetas giraban a su alrededor, que coincidía con lo que los astrónomos veían en el cielo. El astrónomo danés Tycho Brahe pasó 20 años realizando observaciones detalladas, y el astrónomo alemán Johannes Kepler las utilizó para explicar los caminos (órbitas) de los planetas alrededor del Sol.

La Tierra como centro
En su teoría del universo, Ptolomeo afirmaba que la Tierra era el centro. La Luna, Mercurio, Venus, el Sol, Marte, Júpiter y Saturno circulaban alrededor de ésta. Una esfera de estrellas la rodeaba y Dios lo observaba todo, como se muestra en esta imagen.

El Sol como centro
La teoría de Copérnico señala que el Sol es el centro. La Tierra es el tercer planeta con respecto al Sol y gira alrededor de éste todo el año. La Luna viaja alrededor de la Tierra. Un círculo de estrellas indica el borde del universo, representado por las doce constelaciones del zodiaco.

Johannes Kepler
Kepler explicó que los planetas orbitan en elipses, no en círculos. Señaló que los planetas, entre más cerca estén del Sol, se mueven más rápido, y más despacio si están más lejos. Los planetas más distantes, orbitan a poca velocidad.

El universo hoy

Los astrónomos del pasado creían que podían ver todo el universo. De hecho sólo observaron una pequeña fracción de éste, aquella que podían ver a simple vista. Hoy en día, sabemos que hay mucho más, y que no todo gira alrededor del Sol. El Sol es sólo uno de los millones de estrellas que existen en la Vía Láctea, y la Vía Láctea es sólo una en millones de galaxias. Para donde miremos existen galaxias, y si pudiéramos ver el universo desde otra galaxia, sería igual.

Tycho Brahe
Tycho Brahe fue un destacado observador que midió con precisión la posición de las estrellas y los planetas. Desarrolló instrumentos especiales de medición, tal como su cuadrante astronómico.

Acercamiento

Por siglos, las personas creyeron que podían ver todo el universo y que nuestro planeta y su Luna eran únicos. En el siglo XVII, los astrónomos comenzaron a utilizar el recién inventado telescopio para observar el cielo. Desde 1609, Galileo Galilei estudió la Luna, los planetas y las estrellas. Detectó cuatro lunas de Júpiter, descubrió que la Vía Láctea tenía muchas estrellas, y que Venus tenía fases como la Luna. En los siguientes tres siglos, se descubrió más acerca del universo, como los componentes de las estrellas y algunos detalles sobre el inicio del universo.

Mensajero de las estrellas
Galileo Galilei publicó sus descubrimientos acerca de los planetas, lunas y estrellas en un libro titulado *Mensajero de las estrellas* (1610). Éste causó sensación e hizo que Galileo se convirtiera en una celebridad, pero más importantes fueron sus observaciones que demostraron que utilizando el telescopio podían realizarse descubrimientos que cambiarían el curso de la historia de la astronomía.

La luz

Los primeros telescopios eran refractores, lo que significa que utilizaban lentes para capturar la luz. Luego se crearon los telescopios reflectores, que utilizaban espejos. Desde 1666, Isaac Newton experimentó con luz y espejos. Construyó un telescopio reflector y demostró que un prisma de cristal (derecha) divide la luz en un espectro, los siete colores del arco iris. Hoy, los espectroscopios permiten dividir el rayo de luz en espectros, e identificar los elementos químicos de una estrella.

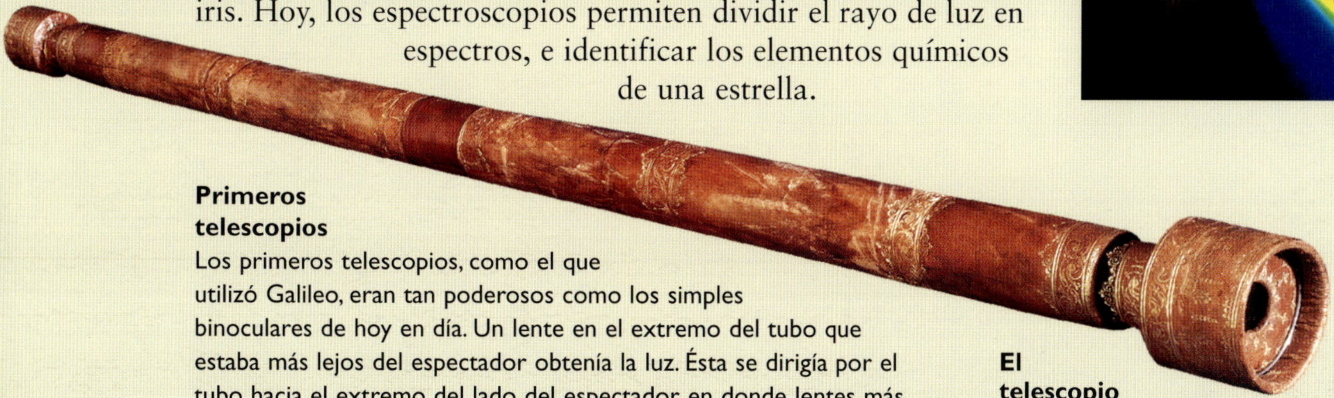

Primeros telescopios
Los primeros telescopios, como el que utilizó Galileo, eran tan poderosos como los simples binoculares de hoy en día. Un lente en el extremo del tubo que estaba más lejos del espectador obtenía la luz. Ésta se dirigía por el tubo hacia el extremo del lado del espectador, en donde lentes más pequeños convertían la luz en la imagen del objeto observado.

El telescopio más grande
El telescopio de Herschel de 12 m de largo (abajo), en uso desde 1789, fue uno de los más grandes y poderosos de su época, tenía un espejo de 1,2 m de diámetro.

Observación de las estrellas

En el siglo XVIII los astrónomos se concentraron en medir la dintancia entre los objetos en el cielo. La mayor parte de la clasificación y mapeo fue realizada en observatorios nacionales. Los astrónomos aficionados desempeñaron un papel importante. William Herschel pasó de ser un aficionado y se convirtió en uno de los astrónomos más importantes. Fue un excelente observador y fabricante de instrumentos. Hizo barridos con sus telescopios en el cielo, con la ayuda de su hermana Caroline, quien registró muchas de sus observaciones. Herschel descubrió Urano en 1781 y cerca de 2.500 cúmulos de estrellas, nebulosas y galaxias.

Mares en la Luna
Galileo creyó haber visto mares en la Luna. Hoy sabemos que la Luna es árida, pero aún utilizamos *mare* (mar en latín), la misma palabra que empleó Galileo, para nombrar las grandes y suaves cuencas de la superficie de la Luna. Estos dos dibujos aparecieron en su libro *Mensajero de las estrellas*.

Astrónomo trabajando

Los astrónomos han estado observando el universo y han intentado comprenderlo por miles de años. Han realizado grandes descubrimientos y resuelto muchos interrogantes, pero existen más cosas por investigar. La mayoría de los 8.000 o más astrónomos, trabajan en universidades en distintas partes del mundo, otros en organizaciones gubernamentales y agencias espaciales. Ellos reúnen información del espacio y la interpretan. Su trabajo nos ayuda a comprender y a disfrutar el universo.

Astrónoma estelar

La estadounidense Annie Jump Cannon comenzó a trabajar en el Observatorio de la Universidad de Harvard, EE. UU. en 1896. En ese entonces los astrónomos trataban de comprender la naturaleza de las estrellas. Cannon estudió los espectros de cerca de un cuarto de millón de estrellas. Desarrolló un sistema para agruparlas por clases de acuerdo con sus espectros. En la actualidad seguimos empleando su sistema.

Astrónomos espaciales

Desde la década de 1950, los astrónomos han estado diseñando y lanzando naves espaciales, como ayuda para su trabajo. Los astrónomos de EE. UU. y Europa trabajan la información recopilada por el Telescopio Espacial Hubble.

Cosmólogo
El inglés Fred Hoyle (arriba) fue uno de los astrónomos más importantes del siglo XX. Uno de sus grandes logros fue descubrir cómo se producen los elementos químicos en el interior de las estrellas. También trabajó para explicar la naturaleza del universo. Él fue quien denominó Big Bang a la explosión que, según la teoría, dio origen al universo, aunque él no creía en esta teoría.

Diferentes tipos de astrónomos

Los astrónomos de hace cien años, más o menos, estudiaban objetos y características del universo. El astrónomo del siglo XXI es un especialista que estudia sólo una parte del universo. Los astrónomos estelares se interesan en las estrellas y en lo que se encuentra entre ellas. Otros astrónomos se concentran en las galaxias o en el sistema solar. Algunos no se interesan por objetos, sino que se especializan en las diferentes formas de información que recibimos, como las ondas de radio o los rayos X. Los cosmólogos estudian el origen, la evolución y el futuro del universo.

Astrofotógrafo
La astronomía y la tecnología siempre han trabajado de la mano. Los astrónomos no sólo diseñan y construyen instrumentos, sino que también son muy ágiles para utilizar los instrumentos y técnicas de otros. Han estado tomando fotografías astronómicas desde mediados del siglo XIX, muy poco después de haber sido inventada la fotografía. Hoy en día, los astrofotógrafos pasan su vida capturando imágenes del cielo y de los objetos que se encuentran en él. Aquí, David Malin se prepara para tomar una imagen utilizando el telescopio angloaustraliano de 3,9 m. Atrás se observa su fotografía de la nebulosa de Orión.

Herramientas del oficio

Los astrónomos quieren obtener la vista más clara y detallada posible de las estrellas y planetas. Durante siglos, confiaron en sus ojos para explorar los cielos, pero desde la invención de los telescopios, han utilizado estos instrumentos para mirar mucho más lejos en el espacio. Los telescopios les permiten a los astrónomos ver las cosas con mayor claridad. Igual que el ojo humano, los telescopios reciben la luz de un planeta y la procesan hasta convertirla en imagen, pero los lentes y espejos que utilizan, obtienen mucha más luz y producen una imagen mucho más precisa que la de nuestros ojos.

Los telescopios de hoy son enormes estructuras, que se ubican dentro de construcciones de varios metros de altura. El diseño y construcción dura muchos años, y cada uno puede llegar a costar millones de dólares. Los países u organizaciones, como las universidades, trabajan conjuntamente para dividir los costos y compartir el telescopio.

Espejos segmentados
Cada uno de los telescopios Keck tienen un espejo que mide 10 m de diámetro. Están hechos de 36 segmentos hexagonales de 1,8 m de ancho.

Los Keck
Dentro de estos domos se encuentran los telescopios Keck. El Keck I ha sido utilizado desde 1993, y su gemelo, el Keck II, desde 1996. Cada uno mide cerca de 25 m de alto y pesa cerca de 300 t.

El Subaru
Los telescopios de Mauna Kea son propiedad de varios países, que también se encargan de administrarlos. El telescopio japonés Subaru puede verse dentro de su domo cilíndrico (derecha).

Telescopios reflectores

Los telescopios más poderosos son reflectores, utilizan espejos para obtener la luz. Entre más grande y mejor sea el espejo reflector principal, más luz y más información obtendrá. Los primeros reflectores tuvieron espejos que cabían en la palma de la mano, los de hoy tienen varios metros de largo. Pero los espejos muy grandes se doblan por su propio peso. Los últimos diseños de telescopios emplean una serie de pequeños espejos organizados que trabajan como un gran espejo. Con esta técnica se pueden fabricar telescopios con espejos de varios metros de largo. Los astrónomos también utilizan telescopios individuales conectados entre sí que trabajan como un gran telescopio con un gran espejo.

Telescopio a Gran Escala

En la cima de una montaña en Paranal, Chile, se encuentran cuatro telescopios, con espejos de 8,2 m de ancho, se conocen como el VLT (Very Large Telescope - Telescopio a Gran Escala). Cada uno es un millón de veces más poderoso que el ojo humano. Cuando se conectan entre sí por computadora, son aún más poderosos.

Ciudad de domos

Un observatorio sobre la cima de una montaña alberga varios telescopios. Mauna Kea, un volcán inactivo en Hawai, tiene doce telescopios de talla mundial, dentro de los cuales están los dos Keck, considerados los telescopios individuales más grandes del mundo. Los astrónomos que utilizan estos instrumentos normalmente no observan desde uno de los extremos del telescopio, sino en un lugar abajo de la montaña, en donde utilizan computadoras y un sistema de televisión para registrar la información que recolectan los telescopios.

Monturas de telescopios

Los telescopios están apoyados sobre soportes llamados monturas. Una montura pintada de azul (izquierda) sostiene el reflector de 3,5 m que se encuentra en el Observatorio de Calar Alto en España. La montura soporta el peso del telescopio y permite que éste sea posicionado con facilidad. Con sólo oprimir un botón, la montura mueve el telescopio de arriba abajo, y de lado a lado, de manera que se puede apuntar a cualquier parte del cielo. Controles automáticos computarizados mantienen al telescopio rastreando un objetivo, como una estrella, a medida que la Tierra gira, pues de lo contrario la estrella saldría rápidamente de la visual del telescopio.

Observatorios en la Tierra

Los telescopios más poderosos están localizados sobre cimas de montañas. Varios telescopios se encuentran en el mismo lugar formando un observatorio. Los telescopios trabajan por encima de las nubes, lejos de las luces de las ciudades, en donde el aire es limpio, calmado, seco y delgado, donde el cielo es más oscuro y se obtienen las mejores vistas del universo.

Primeros observatorios

Los primeros telescopios, como el de Galileo, eran pequeños y livianos. Luego se utilizaron telescopios más grandes y pesados que necesitaban monturas permanentes y estar bajo techo. Los primeros observatorios nacionales, como el de Greenwich en Londres, fueron construidos cerca de las ciudades, a finales del siglo XVII.

Observatorio de Greenwich
Los telescopios del Salón Octagonal en Greenwich se emplearon para mostrar a los visitantes las estrellas y planetas, mientras que los instrumentos de los astrónomos especializados estaban en otro lugar.

Observatorios en la cima de las montañas

A finales del siglo XIX, los astrónomos comenzaron a aprovechar las buenas condiciones de los observatorios ubicados en montañas en lugares remotos. El Observatorio Lick, EE. UU., construido en la década de 1880, fue el primer observatorio permanente sobre la cima de una montaña. Hasta la década de 1960, la mayoría de observatorios se encontraban en el hemisferio norte y los cielos del sur estaban relativamente inexplorados. Hoy en día, existen observatorios de talla mundial tanto en las cimas de las montañas del norte como del sur.

Kitt Peak
El Observatorio Nacional de Kitt Peak en Arizona, EE. UU., existe desde 1958. Inicialmente sólo tenía dos telescopios. Hoy cuenta con 15, cada uno manejado por una universidad estadounidense o una institución gubernamental.

Radiotelescopio de Arecibo
El disco de 305 m en Arecibo, Puerto Rico, es el disco de radio individual más grande del mundo. Está construido en una gran cuenca natural, en las colinas de la isla, y apunta hacia diferentes partes del cielo a medida que gira con la Tierra.

Observatorio Sur Europeo, Chile
En la década de 1960, países europeos se asociaron para construir el Observatorio Sur Europeo en La Silla, Chile. Existen otros observatorios en cadenas montañosas vecinas.

Observatorio Angloaustraliano
Fue creado y es administrado por los gobiernos británico y australiano. Desde allí, los astrónomos de ambos países observan el cielo del sur hace 30 años.

ASIA
EUROPA
Monte Pastukhov, Rusia
ÁFRICA
Hartebeesthoek, Sudáfrica
Observatorio Astronómico de Sudáfrica
AUSTRALIA

Sitios de grandes telescopios ópticos
Radiotelescopios

12. Narrabri, Australia
13. Observatorio Angloaustraliano , Australia
14. Parkes, Australia

Universo invisible

Nuestros ojos nos permiten ver las estrellas, recogen las ondas de luz que viajan por el espacio y las transforman en imágenes. La luz es sólo una forma de onda de energía emitida por las estrella, otras ondas son los rayos X, los infrarrojos y las ondas de radio. Si nuestros ojos pudieran captar otras ondas, podríamos ver mucho más del universo. Los telescopios permiten recopilar este tipo de información. Los objetos se ven de forma distinta y los que son invisibles a simple vista, aparecen. Aunque hemos descubierto más del universo recopilando diferentes longitudes de onda, existe mucho más por descubrir.

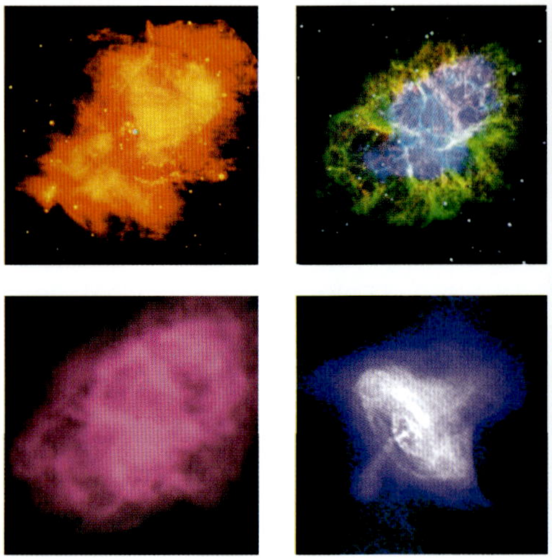

Descifrando imágenes
Los astrónomos han estado recopilando las diferentes longitudes de onda del espacio por cerca de 40 años. Cada tipo de longitud de onda es recopilada y estudiada de manera independiente. Los objetos se ven muy distintos en las diferentes longitudes de onda. La nebulosa del Cangrejo es el remanente de una estrella que explotó en 1054. Aquí podemos ver la vista infrarroja (parte superior izquierda), la vista normal de onda de luz (parte superior derecha), la vista de radio (abajo izquierda) y una vista de rayos X (abajo derecha).

En busca de la materia oscura

Se cree que todo lo que observamos es sólo una pequeña parte del universo y que falta por conocer cerca del 95%. Si este material emanara ondas de luz, radio, infrarrojas u otras ondas, podríamos detectarlo. No es así, pero sabemos que está allí porque se han visto los efectos de su gravedad, y se han identificado lugares donde podría ubicarse. Se cree que el material faltante, denominado materia oscura, podría tratarse de partículas más pequeñas que los átomos. Un tipo de estas partículas es llamado WIMPs (Weakly Interactive Massive Particles - Partículas de Masa Débil Interactiva). No se han encontrado aún, pero su búsqueda continúa.

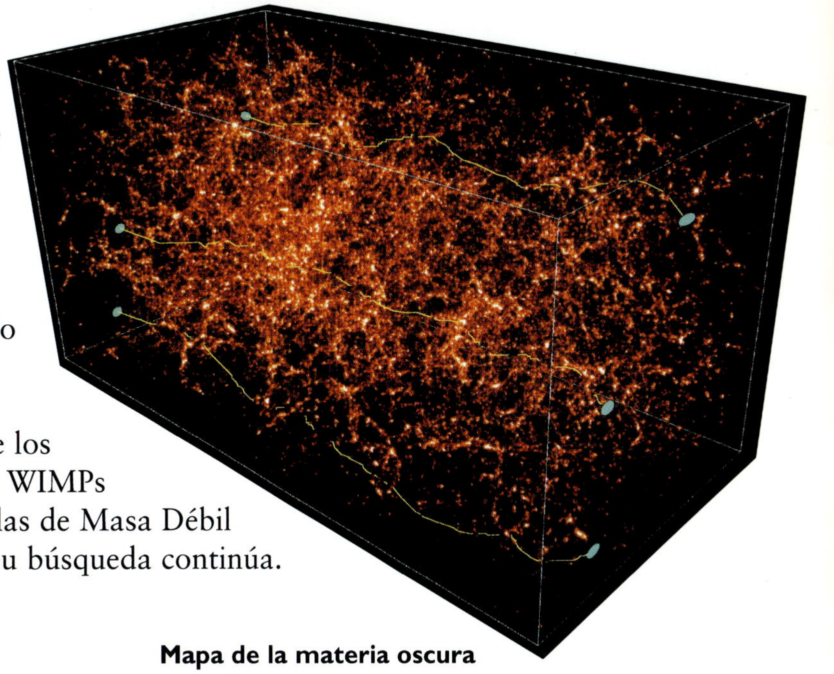

Mapa de la materia oscura
Arriba, el modelo por computadora muestra una parte de los millones de kilómetros de ancho del universo. La materia oscura (rojo) se encuentra entre las galaxias (azul). La gravedad de la materia oscura desvía la luz de las galaxias (amarillo). Si no hubiera materia oscura, los rayos de luz serían rectos.

Captar ondas
Las ondas de radio penetran la atmósfera de la Tierra y son capturadas al nivel del mar. La luz también penetra, pero sus ondas se captan mejor sobre la cima de las montañas, al igual que las ondas infrarrojas. Otras longitudes de onda no penetran la atmósfera y deben ser captadas por telescopios en el espacio.

Los sonidos del espacio
La radioastronomía comenzó en 1932, cuando Karl Jansky detectó señales de radio provenientes de la Vía Láctea. Un radiotelescopio de disco captura las ondas de radio, las convierte en señales eléctricas y las almacena en una computadora para que los astrónomos puedan estudiarlas. El VLA (Very Large Array - Dispositivo de Gran Amplitud), en Nuevo México, EE. UU. (izquierda), está compuesto de 27 discos que trabajan en conjunto, cada uno mide 25 m de ancho.

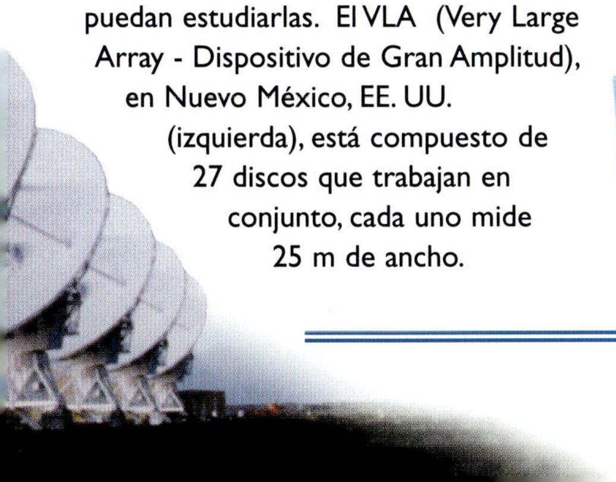

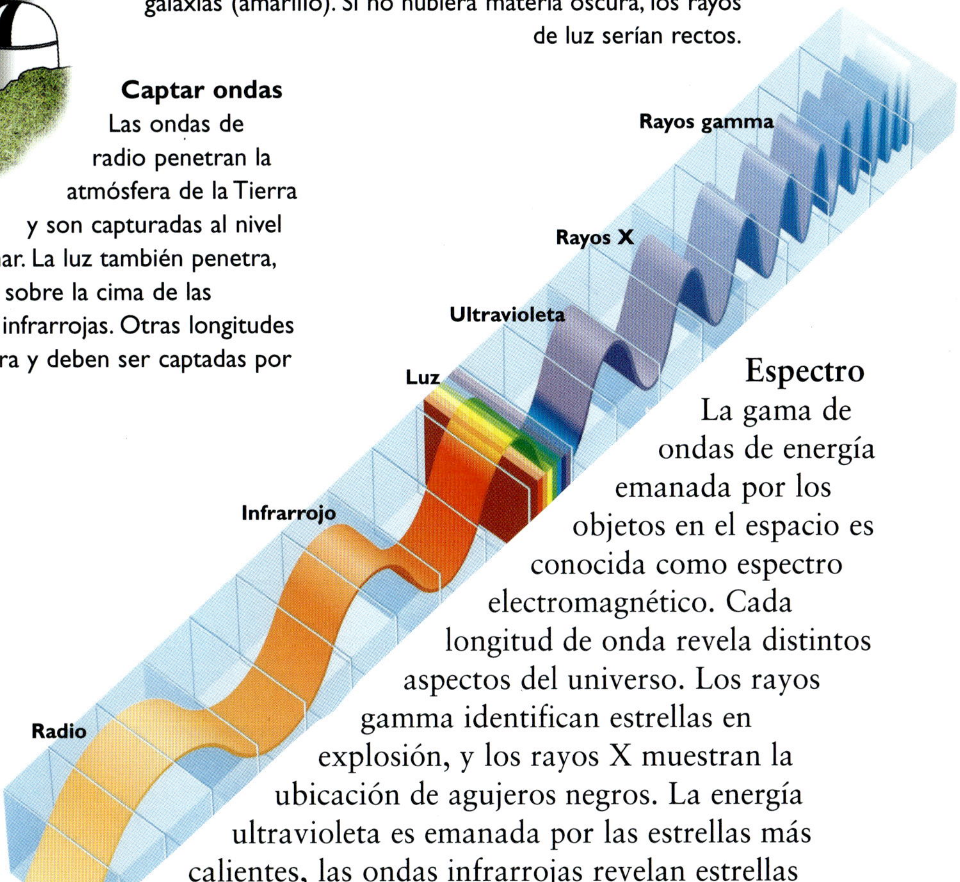

Espectro

La gama de ondas de energía emanada por los objetos en el espacio es conocida como espectro electromagnético. Cada longitud de onda revela distintos aspectos del universo. Los rayos gamma identifican estrellas en explosión, y los rayos X muestran la ubicación de agujeros negros. La energía ultravioleta es emanada por las estrellas más calientes, las ondas infrarrojas revelan estrellas nacientes ocultas por polvo, y las ondas de radio suministran evidencia sobre el Big Bang.

Exploradores espaciales

A muchos astrónomos les encantaría ir al espacio. Aunque el hombre viajó a la Luna entre 1969 y 1972, y en la actualidad orbita la Tierra, todavía no estamos listos para ir más lejos. Los astrónomos permanecen en la Tierra y envían naves espaciales para que exploren y estudien el universo. Las naves espaciales no necesitan comer ni dormir ni regresar a casa una vez hayan hecho su trabajo. Se utilizan dos tipos de naves: las sondas espaciales y los telescopios espaciales.

Exploración de Marte
Se han enviado sondas para estudiar Marte. *Pathfinder* descendió sobre su superficie en julio de 1997. Luego liberó al *Sojourner* (arriba), un auto del tamaño de un horno microondas, que debía transitar sobre la superficie marciana. Dos exploradores marcianos más, *Spirit* y *Opportunity*, lo visitaron en 2004.

Robots espaciales

Las sondas espaciales son robots que exploran el sistema solar. En los últimos 40 años o más, han viajado a todos los planetas del sistema solar excepto a Plutón. Han visitado lunas, cometas y asteroides. Una sonda espacial tiene más o menos el tamaño de un auto o un microbús. Tiene su propia fuente de energía, computadora y sistema de comunicación, cámaras, un set para hacer experimentos e instrumentos para investigar su objetivo. Cada sonda está diseñada para una misión particular. Vuelan cerca de su objetivo (como un planeta), lo orbitan o descienden sobre él.

Lanzamiento al espacio
Las sondas espaciales y satélites son lanzados al espacio por cohetes. El cohete *Ariane* (izquierda) lanza satélites y sondas europeas desde su base de lanzamiento en Kourou, Guyana Francesa, Suramérica.

Viaje a Saturno
Aún después de que una sonda espacial ha sido lanzada, pueden pasar varios años antes de que comience a trabajar. La nave espacial *Cassini* enfrentó un viaje de siete años después de su lanzamiento a Saturno en octubre de 1997. Sus instrumentos se activaron mientras volaba cerca de Júpiter, pero la nave sólo utilizó toda su capacidad una vez llegó a Saturno en 2004.

Investigación de Titán
Cassini llevaba una pequeña sonda, *Huygens* (abajo). *Huygens* investigó la atmósfera y la superficie de Titán, la luna más grande de Saturno, en enero de 2005.

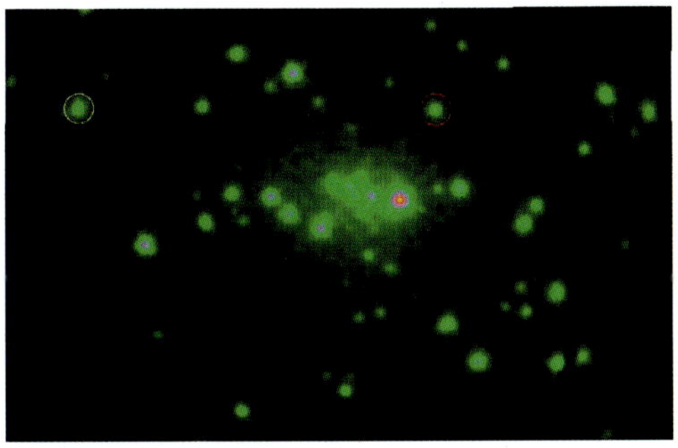

Vista en rayos X
Se espera que el *XMM-Newton* ayude a comprender los objetos distantes como las galaxias y los agujeros negros. Ésta es una vista de rayos X de la región central de la galaxia Andrómeda.

Ojos en el universo

Los telescopios espaciales son un tipo de satélite que observan el universo mientras orbitan alrededor de la Tierra. Los astrónomos han estado observando el universo con telescopios espaciales por cerca de 40 años. Éstos trabajan más o menos de la misma manera que un telescopio ubicado en una base terrestre, recopilando y registrando información de los objetos del espacio. Algunos están trabajando encima de nosotros en este momento. Su ventaja es que se encuentran por encima de la atmósfera terrestre y no son afectados por las condiciones climáticas. Esto significa que pueden trabajar 24 horas al día, 365 días al año, y que pueden recopilar las longitudes de onda que no atraviesan nuestra atmósfera, como los rayos X.

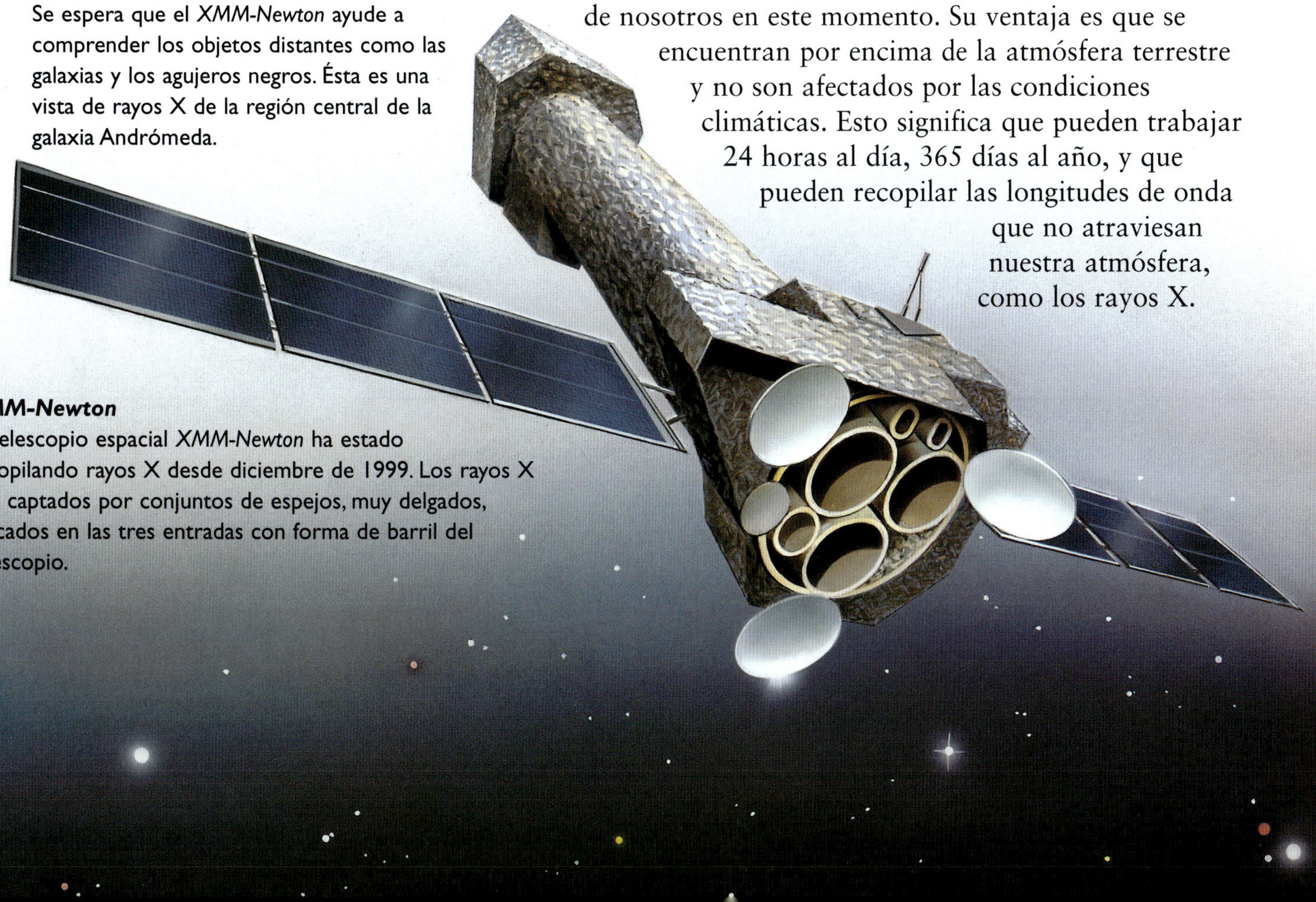

XMM-Newton
El telescopio espacial *XMM-Newton* ha estado recopilando rayos X desde diciembre de 1999. Los rayos X son captados por conjuntos de espejos, muy delgados, ubicados en las tres entradas con forma de barril del telescopio.

EL SISTEMA SOLAR

La Tierra pertenece a una familia de planetas, lunas, cometas y rocas espaciales, que orbitan alrededor del Sol. El conjunto de estos objetos es conocido como sistema solar. Han estado juntos hace 4.600 millones de años, cuando aparecieron gracias a una enorme nube de gas y polvo giratoria. El Sol fue el primero en formarse, en el centro de la nube. Alrededor de éste había un disco giratorio, de material residual, que después de millones de años formó los nueve planetas. El Sol es el miembro más masivo del sistema solar y tiene la mayor fuerza gravitacional, mantiene al grupo unido.

Mundos en movimiento
Todos los objetos en el sistema solar giran alrededor del Sol. Una vuelta completa se denomina órbita. Cada objeto rota mientras completa su órbita.

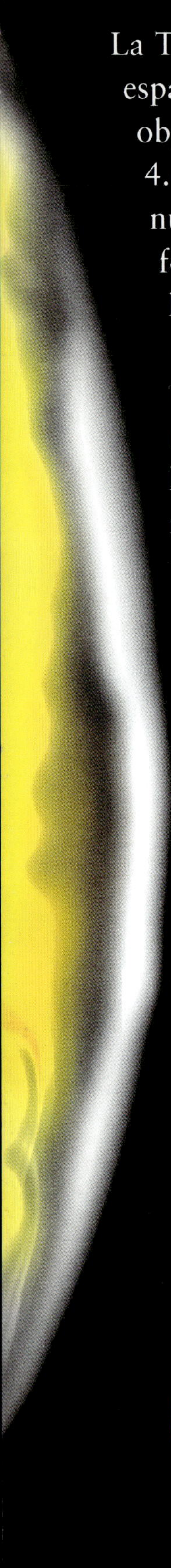

Planetas rocosos
Mercurio, Venus, Tierra, Marte y Plutón son los planetas rocosos. Comenzaron como pequeñas partículas de polvo y gas, que se aglomeraron para formar partículas más y más grandes, hasta convirtirse en terrones y luego en rocas.

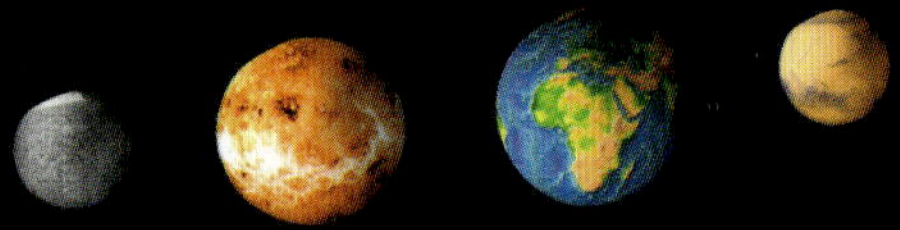

Modelo de sistema solar
En el pasado, las personas aprendían acerca del sistema solar a partir de modelos mecánicos, como el de abajo. Los planetas giran alrededor del Sol en el centro.

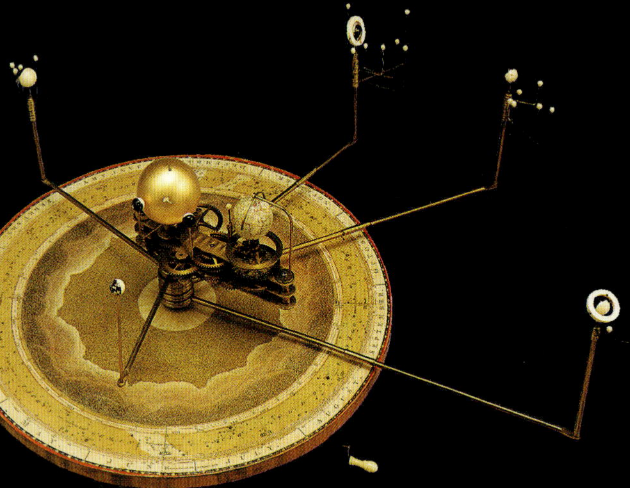

Mercurio
Mercurio es el planeta más cercano al Sol y el que lo orbita a mayor velocidad.

Venus
Venus es el planeta que rota más lento. También es el más caliente, con una atmósfera muy delgada.

Tierra
La Tierra tiene agua líquida sobre su superficie. Si estuviera más cerca del Sol, el agua herviría; y si estuviera más lejos, se congelaría.

Los planetas

Cinco planetas: Mercurio, Venus, Marte, Júpiter y Saturno, son fáciles de ver a simple vista, ¡si sabes hacia dónde mirar! Los planetas parecen discos, a diferencia de las estrellas que aparecen como puntos de luz brillante. Normalmente, sólo son visibles uno o dos planetas en la misma parte del cielo pero, de vez en cuando, se pueden alinear más planetas en el cielo, como se muestra en la foto de la derecha de la madrugada de mayo de 2002.

Distantes gigantes gaseosos

Júpiter, Saturno, Urano y Neptuno no tienen superficies sólidas como los planetas rocosos. Lo que vemos es la parte exterior de una enorme atmósfera gaseosa.

Lunas y rocas espaciales

Siete de los planetas tienen lunas (cuerpos rocosos que orbitan los planetas como pequeños sistemas solares). Existen por lo menos cien lunas en nuestro sistema solar. La más grande supera en tamaño a Mercurio y la más pequeña es tan grande como una colina. Millones de rocas espaciales, llamadas asteroides, orbitan el Sol entre Marte y Júpiter. Mucho más lejos, más cerca de Neptuno y Plutón, hay rocas espaciales heladas, los objetos del cinturón de Kuiper. Y mucho más allá existen billones de cometas que forman la enorme y esférica Nube de Oort.

Marte

Marte tiene casi la mitad del tamaño de la Tierra y rota más o menos en el mismo tiempo, 24 horas y media.

Júpiter

Júpiter es el planeta más grande y masivo y también el de más rápida rotación. Gira en menos de 10 horas.

Saturno

Saturno es el segundo planeta más grande. Está casi diez veces más lejos del Sol que la Tierra.

Urano

Los anillos de Urano parecen ir sobre la parte superior y no sobre el medio. Esto se debe a que está inclinado hacia un lado.

Neptuno

Neptuno es el más pequeño y distante de los gigantes gaseosos. Está 30 veces más lejos del Sol que la Tierra.

Plutón

Plutón es el planeta más distante y pequeño, menor en tamaño que nuestra Luna. Su órbita tarda cerca de 248 años.

El Sol

El Sol es una enorme bola de gas increíblemente caliente y brillante. Mide 1,4 millones de kilómetros de lado a lado, 109 Tierras podrían disponerse a lo largo de su cara. Contiene más de 99% de todo el material existente en el sistema solar. Como otras estrellas, el Sol no es un objeto sólido, pero podemos detectar una superficie visible llamada fotosfera. Allí la temperatura es de 5.500 °C. El Sol brilla porque produce energía lumínica. Ha estado brillando por cerca de 4.600 millones de años y continuará por los siguientes 5.000 millones de años o más.

La atmósfera del Sol
Más allá de su superficie brillante y turbulenta está la atmósfera del Sol, que se expande por millones de kilómetros en el espacio. La atmósfera interna, la cromosfera (arriba) y la externa, la corona, normalmente no son visibles desde la Tierra. Aunque durante un eclipse total de Sol, se puede ver su atmósfera.

Manchas solares y destellos
La fotosfera es un lugar agitado y violento. El gas está dando vueltas y disparándose en chorros, columnas y láminas hacia arriba desde su superficie. Normalmente aparecen puntos oscuros de cientos o miles de kilómetros de ancho y protuberancias gigantes de gas se arquean sobre ellos.

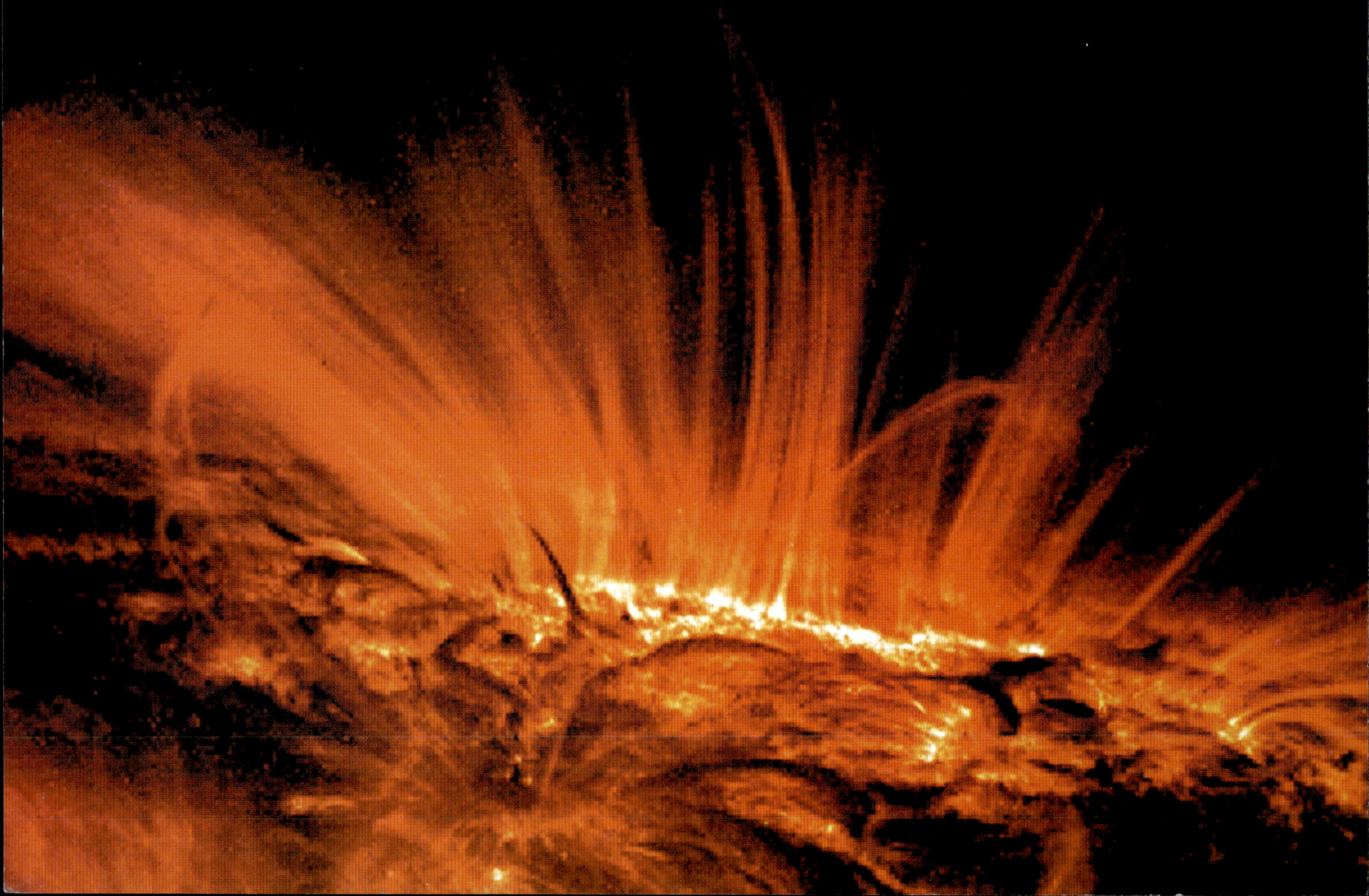

En el interior del Sol

Cerca de tres cuartos del Sol son de hidrógeno. El resto es helio con pequeñas cantidades de otros elementos. La gravedad mantiene el gas unido empujándolo hacia el centro del Sol, y evitando que se esparza en el espacio. En el centro, el gas se concentra. Cerca del 60% del gas del Sol se comprime en el núcleo, en donde la temperatura alcanza 15 millones de °C. Allí, en el núcleo, el hidrógeno se convierte en helio, produciendo grandes cantidades de energía. Cada segundo, se convierten cerca de 600 millones de toneladas de hidrógeno. La energía corre en zigzag hacia la superficie y abandona el Sol como luz y calor.

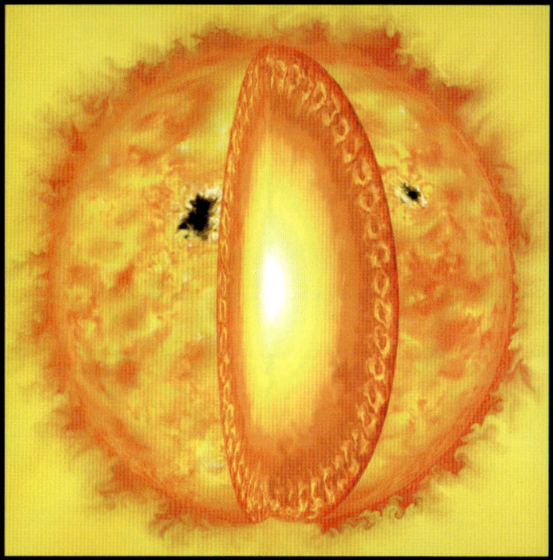

Espectáculos de luz

Ocasionalmente, en las áreas cercanas a los polos de la Tierra, los observadores del cielo pueden presenciar magníficos espectáculos de luz. Abajo la aurora boreal o luces del norte, vista en Alaska.

Descubrimiento del helio

El helio fue descubierto en el Sol antes de que fuera encontrado en la Tierra. El astrónomo inglés Norman Lockyer estaba observando un espectro de luz del Sol en 1868. Entonces vio una línea a través del espectro que no podía ser producida por ninguno de los elementos conocidos en la Tierra. Así se dio cuenta de que se trataba de un nuevo elemento, al cual llamó helio, del griego *helios*: Sol.

Vista del Sol

Estamos acostumbrados a ver el Sol desde la Tierra. Pero nadie debería mirar directamente hacia él, pues su intensa luz puede dañar nuestros ojos. Se investiga el Sol con telescopios especiales que registran detalles, para analizarlos posteriormente. Aún así, existen algunos espectáculos solares que podemos observar, como la aurora, un espectáculo de coloridos rayos y serpentinas en el cielo. Esto ocurre cuando el viento solar, conformado por diminutas partículas, se desliga del Sol y se aleja por el espacio, pasando planetas y saliendo del sistema solar. Cuando el viento pasa cerca de la Tierra, algunas de sus partículas penetran nuestra atmósfera y quedan atrapadas por líneas magnéticas sobre los polos de la Tierra. Las partículas colisionan con las moléculas de aire, las cuales resplandecen y crean la aurora.

La Tierra: nuestro hogar

La Tierra es el planeta rocoso más grande y el tercero con respecto al Sol. Mide 12.756 km de diámetro. Cada una de sus partes es indispensable, nos suministra lo que necesitamos para vivir. Un visitante de otro planeta vería que nuestras construcciones y cultivos dejan marcas sobre la Tierra. Vería, también, un planeta cubierto por agua, con masas de tierra que cambian de apariencia debido a las fuerzas naturales. Experimentaría temperaturas entre –90 °C y 58 °C; vería tierra árida y vegetación exuberante, y encontraría vida en cualquier lugar. La Tierra gira en 23,9 horas, produciendo la noche y el día; en 365,25 días completa un año. Como la Tierra gira alrededor del Sol, se presentan las estaciones.

El ojo sobre la Tierra
Tenemos mucho que aprender sobre la Tierra. La investigamos desde el suelo y con satélites desde el espacio, que monitorean cosas como el clima, las capas de hielo sobre los polos, el crecimiento de los cultivos y las corrientes marinas.

Vida
La Tierra es el único planeta en el que existe vida, según se sabe. Hay vida en todo el globo, en cada continente, en sus océanos y volando en el aire.

El ciclo del agua
El agua se mueve constantemente entre el planeta y su atmósfera. En esta selva húmeda, la lluvia ha caído y la neblina se está elevando. Ésta se condensa en nubes y cae en forma de lluvia nuevamente.

La Tierra explosiva
La capa exterior de la Tierra se divide en partes llamadas placas. Éstas se mueven y chocan entre sí, causando terremotos y erupciones volcánicas, como la sucedida en el monte Etna en Sicilia.

La faz cambiante
Algunos cambios en la Tierra son inmediatos, otros no. El aire y el agua causan erosión. El viento ha esculpido rocas en el desierto de Utah, EE. UU., y el hielo en Groenlandia erosiona la tierra al desplazarse.

Planeta azul

Desde el espacio es fácil ver que el agua cubre la mayor parte de la superficie de la Tierra, un total de 71%. El agua le da a nuestro planeta su distintivo color. También se hace visible una parte de la atmósfera que rodea la Tierra. Ésta es una delgada capa de gas, rica en nitrógeno, que protege la Tierra de ondas de energía perjudiciales, mantiene una temperatura apropiada y nos suministra el aire para respirar. En la década de 1860, James Glaisher fabricó 28 globos con el fin de estudiar la atmósfera. Él y sus compañeros alcanzaron alturas cercanas a los 10 km, donde la atmósfera es tan delgada que casi mueren.

Los continentes de la Tierra
África es visible aquí bajo las nubes de la Tierra. Es una de las siete masas de tierra o continentes del planeta.

La Luna

La Luna es nuestro vecino más cercano. Orbita alrededor nuestro a una distancia de 384.500 km y viaja con la Tierra mientras ésta realiza su órbita anual alrededor del Sol. Es una bola de roca fría y sin vida que mide cerca de un cuarto del tamaño de la Tierra. No tiene atmósfera ni agua líquida y su superficie polvorienta tiene cráteres. La Luna es el objeto más grande en el cielo nocturno y brilla intensamente por el reflejo de la luz del Sol. Ha sido estudiada durante miles de años y es el único lugar fuera de la Tierra que el hombre ha visitado.

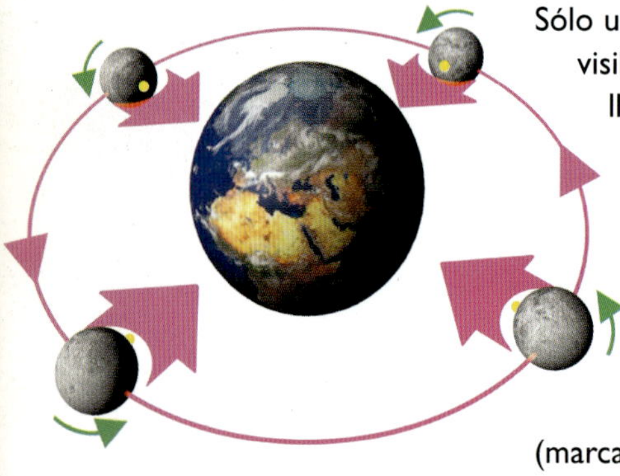

La misma cara
Sólo un lado de la Luna es visible desde la Tierra; éste se llama el lado cercano. Esto sucede porque la Luna rota sobre sí misma y gira alrededor de la Tierra en el mismo tiempo. Observa cómo el mismo lado siempre está frente a la Tierra (marcado por un punto) pero rota y orbita en 27,3 días.

Las fases de la Luna
La Luna parece cambiar su forma de un día al otro, pero no es así. Su lado cercano siempre nos está dando la cara, pero sólo vemos la parte iluminada por el Sol. Cuando el lado cercano de la Luna no está iluminado, es virtualmente invisible, lo que se conoce como luna nueva. Cuando está completamente iluminado se conoce como luna llena. Cada forma diferente es una fase de la luna. Un ciclo completo tarda 29,5 días.

Formación de la Luna

La mayoría de astrónomos piensa que la Luna se formó cuando una roca espacial del tamaño de Marte colisionó con la joven Tierra, cerca de 4.500 millones de años atrás. La roca fundida que resultó de la colisión se esparció en el espacio y formó un anillo alrededor de la Tierra. Eventualmente, el material se agrupó para formar la Luna. luego se enfrió, se convirtió en roca sólida y se formó su corteza.

Rasgos de la superficie
Podemos observar rasgos de la superficie de la Luna a simple vista. Las manchas oscuras llamadas *maria* son áreas de lava volcánica, y las áreas más claras son tierras más altas y antiguas.

El hombre en la Luna
Entre 1969 y 1972, 26 astronautas estadounidenses viajaron a la Luna. Doce de ellos caminaron sobre su superficie y exploraron seis lugares diferentes. Trajeron a la Tierra 2.000 muestras de roca y polvo lunar.

Estudiando la Luna

La Luna ha sido estudiada más que cualquier otro objeto en el espacio. Los astrónomos han utilizado sus ojos y telescopios en la Tierra y en el espacio para estudiarla, y cerca de 60 naves han viajado con éxito a la Luna. Sabemos cómo es la Luna hoy y cómo era en el pasado. Cerca de 4 mil millones de años atrás, fue bombardeada por rocas que formaron cráteres y montañas. 3 mil millones de años atrás, la lava se filtró desde el interior de la Luna e inundó algunos cráteres, formando la *maria*. La Luna prácticamente no ha cambiado en los últimos 2 mil millones de años.

Mundos rocosos

Mercurio y Plutón son los dos planetas más pequeños del sistema solar. Plutón mide 2.270 km de diámetro y Mercurio 4.880 km, uno más pequeño y uno más grande que nuestra Luna. Son unas esferas de roca muy distintas. Mercurio es el planeta más cercano al Sol y es increíblemente caliente, y orbita el Sol en el menor tiempo, 88 días. Plutón es el más distante, cien veces más lejano del Sol que Mercurio; es desolado y congelado. Es el planeta que orbita el Sol más lentamente, 248 años aproximadamente. Ambos planetas son difíciles de ver desde la Tierra y se desconocen casi por completo.

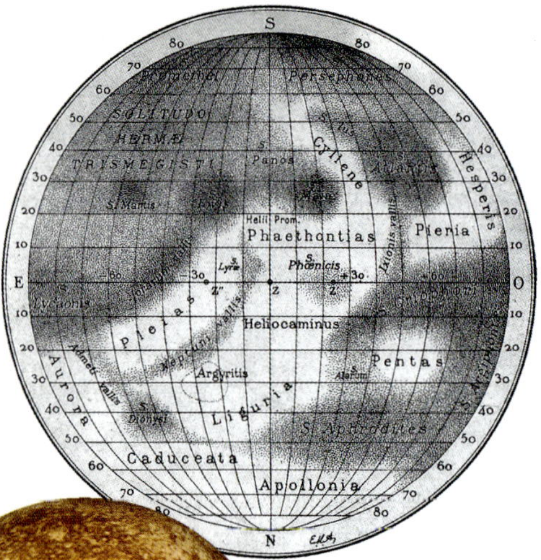

Mercurio
Mercurio es difícil de observar porque nunca se aleja del Sol. En la década de 1920, Eugène Antoniadi dibujó mapas de las marcas que observó en su superficie. En 1974 se pudo observar mejor Mercurio gracias a las primeras imágenes transmitidas por *Mariner 10*.

Caliente y frío
La parte de Mercurio que está más cerca del Sol tiene temperaturas exorbitantes, alrededor de 450 °C, mucho más caliente que un horno de cocina. Pero la temperatura puede descender hasta -180 °C en la noche, porque la atmósfera es tan delgada que no puede conservar el calor.

Mercurio: mundo de cráteres
Mercurio tiene cráteres secos, y su superficie ha cambiado poco en millones de años. Sus cráteres se formaron cuando el joven planeta fue bombardeado por rocas, y sus planicies cuando la lava inundó la superficie. Sólo una sonda espacial, *Mariner 10*, ha volado sobre el planeta: tres veces entre 1974 y 1975. La sonda *Messenger* de EE. UU. intentará volar sobre Mercurio en 2008 y 2009 y una sonda europea llamada *Bepi Colombo* será lanzada en 2012.

Descubrimiento
Clyde Tombaugh descubrió Plutón desde el Observatorio Lowell en Arizona, EE. UU. Tomó fotografías noche tras noche del cielo estrellado. Plutón apareció como un punto que cambiaba de posición de imagen a imagen, a diferencia de las estrellas que son estacionarias.

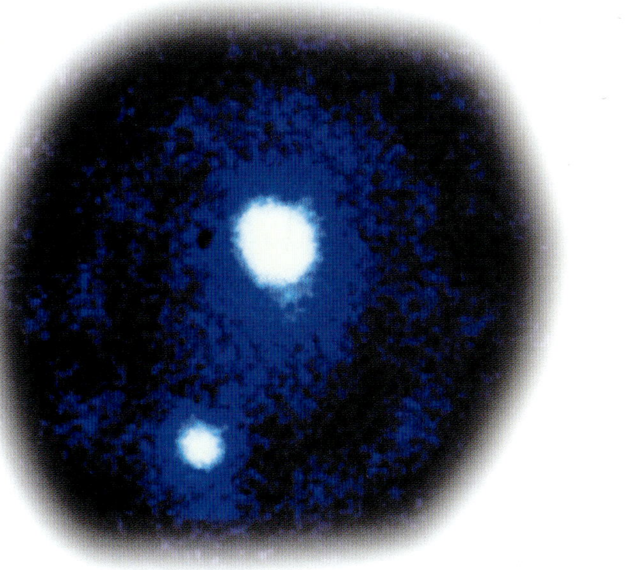

Plutón visto desde la Tierra
Plutón fue descubierto en 1930 y su única luna, Charon, que tiene cerca de la mitad de su tamaño, en 1978. Ni siquiera el poderoso Telescopio Espacial Hubble puede proporcionar vistas detalladas de ellos. Observar a Plutón es como tratar de mirar una pelota de golf a 100 km de distancia.

Plutón, un extraño planeta

El remoto Plutón es el planeta que menos conocemos. Su distancia y tamaño hacen difícil su observación, y es el único planeta que todavía no ha sido explorado por una sonda espacial. Los astrónomos esperan cambiar esto con la misión planeada para el 2020. Podemos decir que Plutón es muy diferente a sus vecinos. Su tamaño, estructura y composición no se parecen a los gigantes gaseosos. Además tiene una extraña órbita: es la menos circular de todas y tiene la mayor inclinación. Algunos astrónomos piensan que Plutón no es un planeta, sino más bien un gran objeto congelado del cinturón de Kuiper.

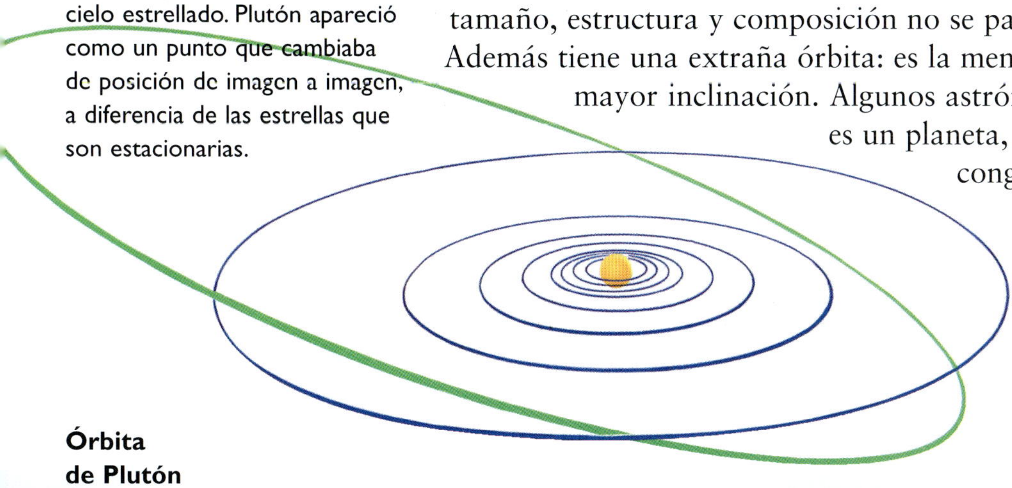

Órbita de Plutón
En verde, la extraña órbita de Plutón. Cada 20 años su órbita entra en la de Neptuno y llega a estar más cerca del Sol que éste.

Mundos distantes
En esta ilustración vemos Plutón cerca de Charon. A lo lejos está el Sol. Plutón está muy lejos del Sol para recibir luz y calor. Su temperatura es cercana a –220 °C y su superficie permanece congelada.

Vecinos cercanos

Venus y Marte son los vecinos planetarios más cercanos a la Tierra. Los tres son esferas de roca pero sus superficies son muy distintas. Venus, que está más cerca al Sol que la Tierra, es un planeta caliente y sofocante. Su temperatura puede llegar a 464 °C, mientras que la temperatura más alta registrada en la Tierra ha sido de 57,8 °C. Marte está ubicado mucho más lejos del Sol y es frío y árido. Su temperatura en los polos es de -120 °C. Tanto Venus como Marte son fáciles de ver en el cielo terrestre y han sido observados durante miles de años. Pero sólo supimos cómo eran realmente cuando las naves espaciales viajaron a obtener una vista más cercana.

Rotación lenta
Venus rota más lento que cualquiera de los otros planetas, lo hace en 243 días. Es más del tiempo que se toma en orbitar el Sol. Sus nubes giran sobre el planeta mucho más rápido. Éstas son principalmente bióxido de carbono, y atrapan el calor del Sol, lo que hace que Venus sea caliente.

Desde la Tierra
Venus es fácil de divisar desde la Tierra, pero no podemos ver su superficie porque su gruesa y nublada atmósfera no deja que la la luz del sol llegue al suelo.

Superficie volcánica
Se logró por primera vez una buena vista del suelo de Venus en 1975, cuando una sonda espacial sobrevivió y transmitió una imagen de su superficie rocosa. Posteriormente, se utilizaron radares para observar la superficie que se encuentra bajo las nubes. A principios de la década de 1990, la sonda Magallanes (arriba), trazó el mapa de casi toda la superficie de Venus. Mostró un paisaje rocoso formado por actividad volcánica. Existen enormes volcanes y flujos de lava por todo Venus. Cerca de 150 volcanes tienen más de 100 km de ancho. Maat Mons (izquierda) es uno de los más grandes; mide 200 km de ancho y 8 km de alto.

Investigación de Marte

Marte siempre ha fascinado a las personas. Es un planeta rocoso como el nuestro y, después de la Tierra, es el lugar con mayores probabilidades para albergar vida. Innumerables libros y películas han narrado la existencia de criaturas fantásticas que habitan Marte y se han imaginado a los marcianos invadiendo la Tierra. Los astrónomos han estado enviando sondas espaciales a Marte durante los últimos 40 años, para saber realmente cómo es. Las sondas han orbitado alrededor del planeta, han aterrizado sobre él y vehículos robotizados han transitado sobre su superficie. Se han hecho mapas detallados del planeta, se ha estudiado su clima y se han examinado rocas en busca de signos de vida.

Estudiar a Marte
Percival Lowell estudió Marte desde su observatorio en Arizona, EE. UU., en la década de 1890. Creyó, equivocadamente, que tenía canales en su superficie, que habían sido excavados por una forma de vida inteligente que habitaba Marte.

Un día en Marte
Marte tiene cerca de la mitad del tamaño de la Tierra y está una y media veces más lejos del Sol. Su rotación dura 24 horas y 30 minutos, así que el día allí es muy similar al de la Tierra.

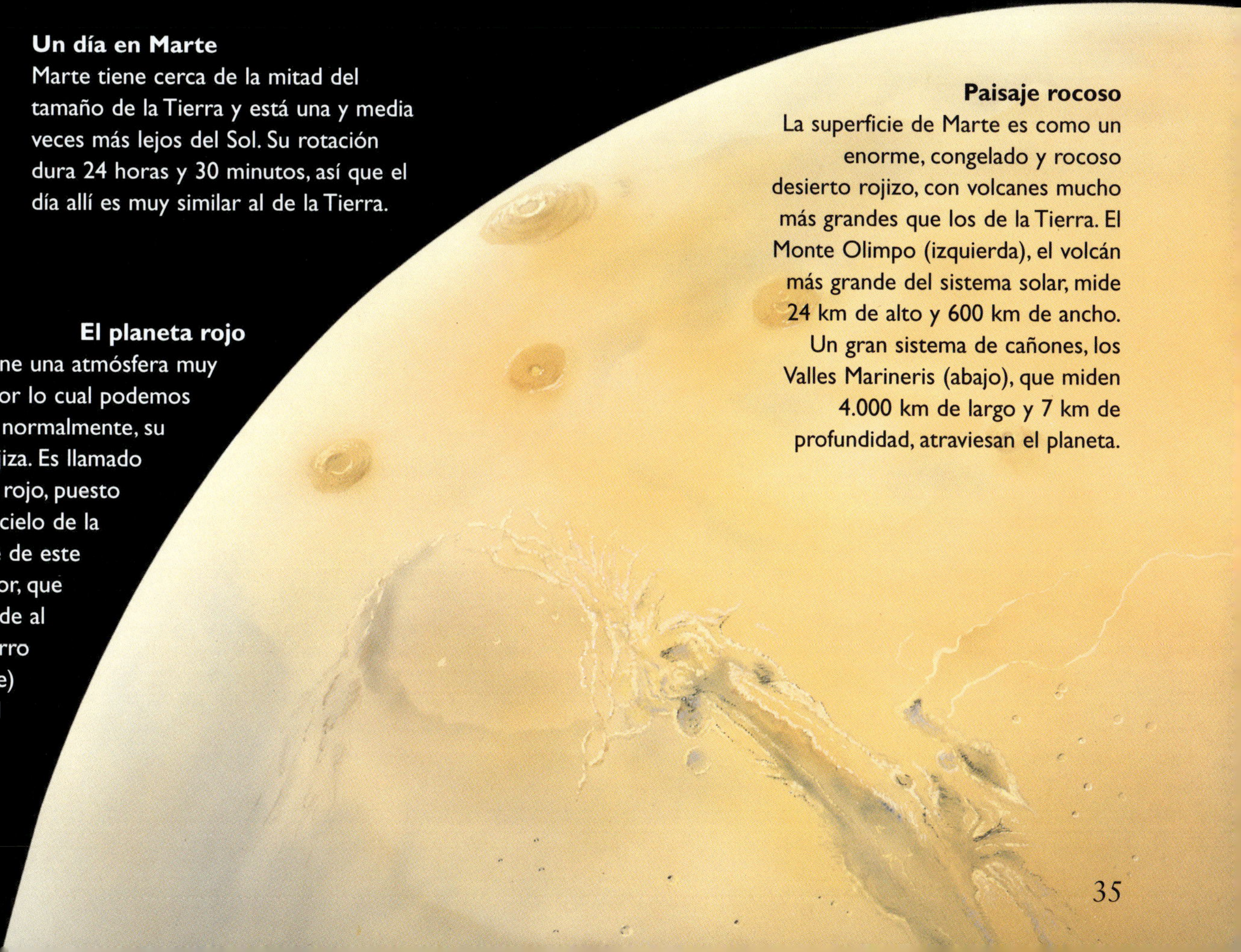

Paisaje rocoso
La superficie de Marte es como un enorme, congelado y rocoso desierto rojizo, con volcanes mucho más grandes que los de la Tierra. El Monte Olimpo (izquierda), el volcán más grande del sistema solar, mide 24 km de alto y 600 km de ancho. Un gran sistema de cañones, los Valles Marineris (abajo), que miden 4.000 km de largo y 7 km de profundidad, atraviesan el planeta.

El planeta rojo
Marte tiene una atmósfera muy delgada por lo cual podemos ver, normalmente, su superficie rojiza. Es llamado el planeta rojo, puesto que en el cielo de la Tierra se ve de este color, que corresponde al óxido de hierro (herrumbre) del suelo del planeta.

Rocas espaciales

Existen millones de rocas en el sistema solar conocidas como asteroides. Más del 90% se encuentran en un anillo con forma de rosquilla entre las órbitas de Marte y Júpiter. Se descubrieron los asteroides en el cinturón principal, después de observar Ceres en 1801. En 1992 se descubrió un segundo cinturón de rocas espaciales congeladas, el cinturón de Kuiper, en el borde del sistema solar planetario. Los asteroides se estudian desde el espacio y desde la Tierra.

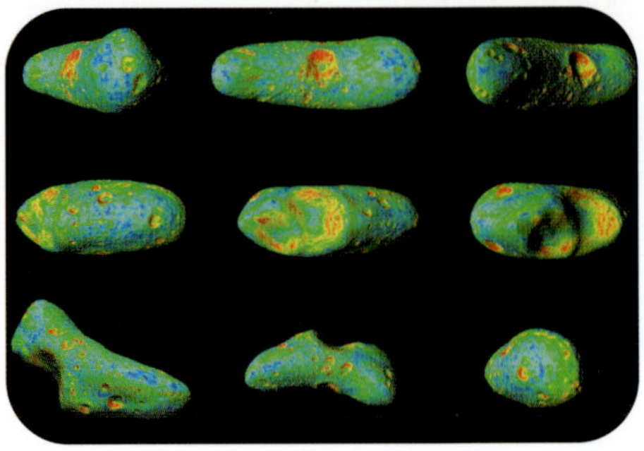

Eros
Ha sido estudiado en mayor detalle que cualquier otro asteroide. La sonda espacial *NEAR* tomó imágenes de Eros desde diferentes ángulos antes de aterrizar sobre él en febrero de 2001. Las imágenes a color ayudan a estudiar su superficie y estructura.

Asteroides

Los asteroides son material rocoso que quedó cuando los planetas y las lunas se formaron 4.600 millones de años atrás. Pueden ser pequeñas rocas o incluso tener el tamaño de una montaña, como Ceres, el más grande, con 933 km de ancho. Todos, menos éste, tienen forma irregular. En unos pocos años orbita el Sol. Su rotación toma apenas horas o semanas. No todos están en el cinturón principal, algunos siguen órbitas que los acercan a la de la Tierra. Este grupo se conoce como Asteroides cercanos a la Tierra, en el cual se encuentra Eros.

Ida y Gaspra
Ida (derecha) tiene una pequeña luna, Dactyl. Gaspra (derecha lejos) mide 12 km de lado a lado, y se encuentra cerca del borde interno del cinturón principal.

Impacto con la Tierra

En cada continente de la Tierra existe evidencia de que asteroides han colisionado con nuestro planeta. Un asteroide que se estrella contra la Tierra produce un cráter. Su tamaño depende del tamaño de la piedra. Existen cerca de 160 cráteres sobre la Tierra. La mayoría de ellos se formaron hace más de 100 millones de años. El cráter Wolfe Creek en Australia (izquierda) mide 870 m de ancho y se formó hace 300.000 años aproximadamente.

Chicxulub
Este cráter se formó hace cerca de 65 millones de años, cuando una roca espacial del tamaño de una montaña chocó con la Tierra. El material que entró en la atmósfera bloqueó por meses el calor y la luz del Sol. Muchos seres vivos murieron, incluidos los dinosaurios.

Caída en la Tierra

Las rocas que caen en la Tierra son llamadas meteoritos. Alrededor de 3.000 de ellos, que pesan cerca de 1 kg cada uno, colisionan cada año. La mayoría caen en el mar, el resto golpean la tierra. Los científicos permanecen a la caza de meteoritos en regiones deshabitadas de la Tierra. La mayoría de los miles de meteoritos que han sido encontrados son pedazos de asteroides, pero más de 20 provienen de la Luna y otros tantos de Marte.

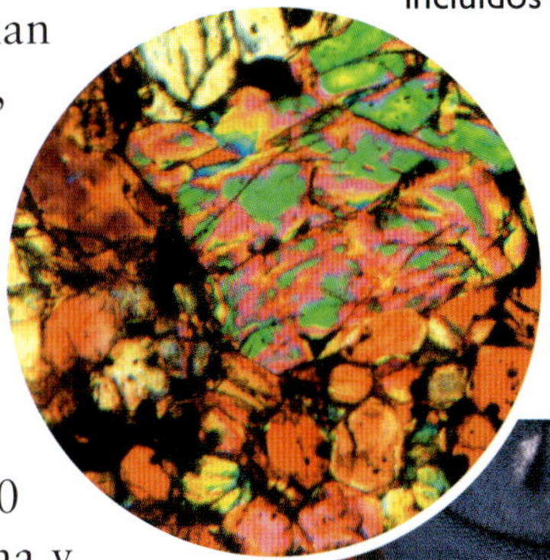

A la caza de meteoritos
La Antártida es un buen lugar para buscar meteoritos: son fáciles de divisar sobre el hielo (abajo). Al encontrarlos, se estudian trozos de ellos (izquierda).

El rey

Júpiter es un planeta enorme, el más grande del sistema solar. Tiene la familia de lunas más grande y es el planeta que rota más rápido (diez horas). Júpiter tiene una temperatura de –110 °C, en su superficie, y su núcleo alcanza 30.000 °C. Se convirtió en el primero de los planetas gigantes visitados por una nave espacial cuando *Pioneer 10* voló sobre él en 1973. Posteriormente las dos sondas *Voyager* (I y II) y *Galileo* han investigado el planeta.

La Gran Mancha Roja
La característica principal de la superficie de Júpiter es la Gran Mancha Roja, un enorme huracán de dos veces el tamaño de la Tierra más o menos. Se ha observado esta especie de tormenta de apariencia variable por cerca de 300 años.

En el interior de Júpiter

Júpiter está formado principalmente por hidrógeno, elemento que se halla en las estrellas, además del helio. Si tuviera 50 veces más hidrógeno, se habría convertido en una estrella. Júpiter no tiene una superficie sólida, sino una capa de hidrógeno y helio de 1.000 km de profundidad que conforman su atmósfera. Bajo esta capa externa se encuentra hidrógeno líquido y helio; su núcleo es sólido.

Aún el más grande
Júpiter mide 142.984 km de lado a lado, pero cuando joven era mucho más grande. Se encoge un par de centímetros al año.

Clima de tormentas

Lo que observamos de Júpiter es la capa externa de su atmósfera de bandas de diferentes colores, las más brillantes, llamadas zonas, son gas ascendente. Las más oscuras, los cinturones, son gas descendente. La rápida rotación de Júpiter y el calor elevado de la parte interna del planeta, crean turbulencia atmosférica, veloces vientos y tormentas.

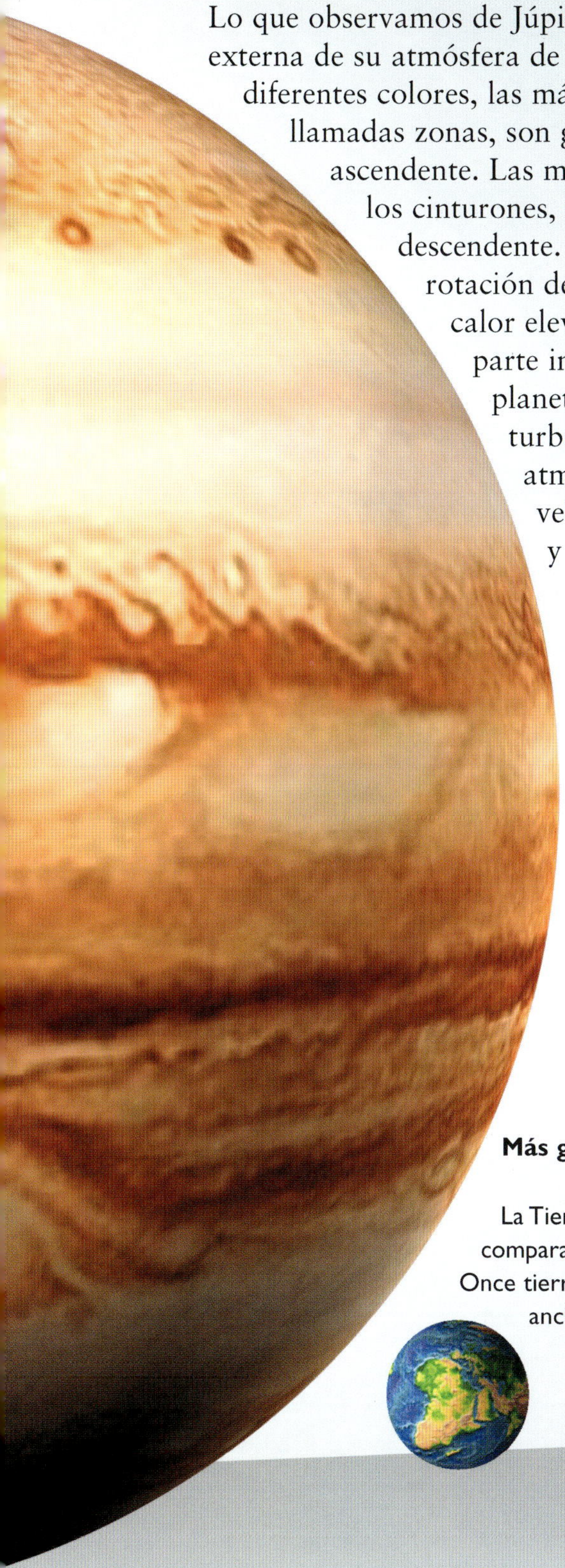

Más grande que la Tierra
La Tierra es diminuta comparada con Júpiter. Once tierras cabrían a lo ancho de Júpiter y 1.300 en su interior.

El rey de los planetas
Cuando bautizaron a Júpiter, no sabían que era el planeta más grande, pero sí que era uno de los objetos más brillantes del cielo. Su nombre hace alusión al rey de los dioses romanos.

Vista desde la Tierra
Júpiter está a millones de kilómetros de la Tierra, pero es fácil de ver en nuestro cielo. Refleja muy bien la luz del Sol y aparece como una brillante estrella de plata. Las bandas en su superficie y sus cuatro grandes lunas pueden ser vistas con un telescopio pequeño.

Exploración con sondas espaciales
La sonda *Galileo* ha sido la única nave que ha explorado Júpiter con éxito. Llegó al planeta en 1995 y por ocho años investigó Júpiter y sus lunas. El último trabajo de la sonda fue entrar en su atmósfera antes que la fuerte gravedad la desintegrara.

Mundos anillados

Los cuatro planetas más grandes en el sistema solar: Júpiter, Saturno, Urano y Neptuno, tienen mucho en común. Son planetas distantes, fríos y coloridos, con superficies de gas y anillos que los rodean. Están formados principalmente por hidrógeno, y los elementos de sus capas externas les dan sus colores característicos. Los anillos de los cuatro planetas se ven sólidos desde la distancia, pero están conformados por millones de pedazos de rocas individuales, que giran alrededor de ellos como diminutas lunas.

Vista clara
Christiaan Huygens observó Saturno y descubrió que el planeta tenía un anillo a su alrededor. Publicó su teoría en 1655.

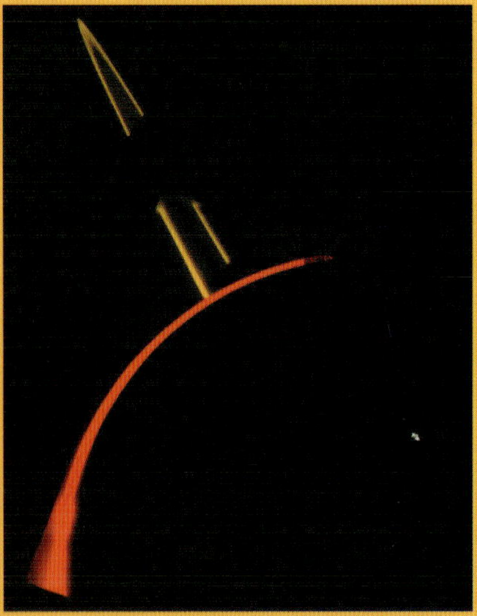

El anillo de Júpiter
El borroso sistema de anillos de Júpiter fue descubierto por la sonda espacial *Voyager I* en 1979. Este sistema es un conjunto de anillos formados a partir de partículas de polvo que fue expulsado por las lunas internas del planeta hace mucho tiempo.

El señor de los anillos

Cuando Galileo observó Saturno en 1610, divisó algo en uno de los lados del planeta. Saturno parecía tener orejas. Galileo pensó que debían ser lunas. Pero durante la década de 1650, Christiaan Huygens observó Saturno cuando el planeta estaba mucho más lejos en su órbita y pudo descubrir un anillo rodeando el planeta. Tanto Galileo como Huygens habían observado los anillos principales de Saturno (ilustrados arriba). De hecho, Saturno tiene muchos más anillos que éstos. Existen anillos imperceptibles dentro del sistema principal y otros en el exterior; cuya distancia al planeta es un poco más de cuatro veces el tamaño de Júpiter.

Urano

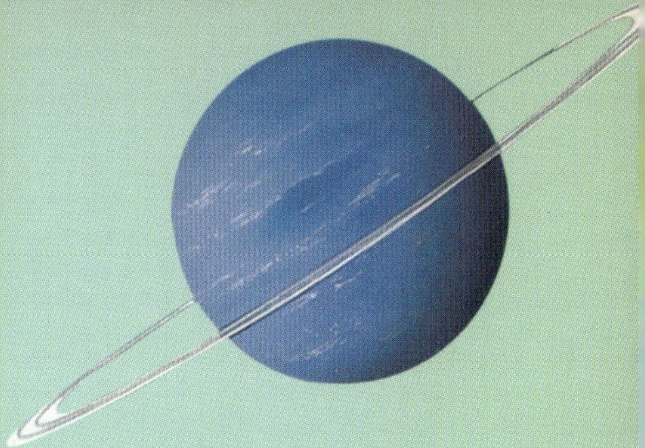

Neptuno

Neptuno en constante cambio
En 1989, el *Voyager II* descubrió sobre la superficie de Neptuno unas enormes nubes denominadas la Gran Mancha Oscura. Ésta se había perdido de vista cinco años atrás, cuando el Telescopio Espacial Hubble se orientó hacia Neptuno.

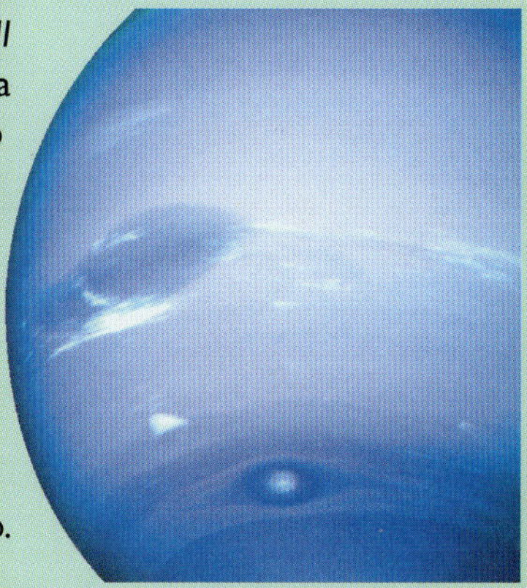

Cambio de panorama
Como Saturno se mueve alrededor del Sol en su órbita, podemos ver sus anillos desde diferentes ángulos. Cada dos órbitas, el borde de los anillos está frente a nosotros y son casi imposibles de ver. El resto del tiempo se ven muchos de ellos, desde ángulos superiores o inferiores.

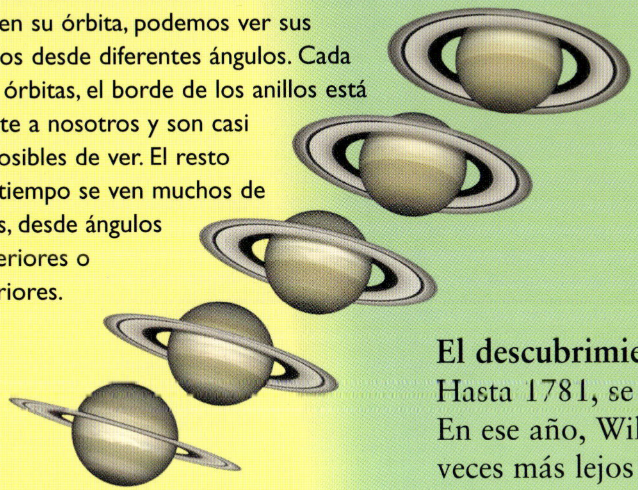

El descubrimiento de Urano y Neptuno

Hasta 1781, se creyó que Saturno era el planeta más distante. En ese año, William Herschel descubrió Urano, que está dos veces más lejos del Sol que Saturno. Su sistema de anillos fue descubierto en 1977. Neptuno fue descubierto por Johann Galle en 1846. La mayoría de nuestro conocimiento sobre estos dos planetas proviene de la única sonda que los ha visitado: el *Voyager II*, en la década de 1980, que suministró imágenes más cercanas y descubrió los anillos de Neptuno y las lunas de ambos planetas.

Acercamiento a los anillos
Saturno tiene un sistema de anillos complejo. Los anillos están formados por cientos de pequeños círculos, cada uno compuesto por trozos de roca congelada y polvo, que siguen una órbita individual alrededor de Saturno. Los anillos principales están formados por trozos del tamaño de una casa; los más pequeños por trozos del tamaño de un frijol.

Urano y su familia
Es difícil observar Urano porque está a gran distancia de nosotros. Sin embargo, los enormes telescopios de hoy en día revelan su sistema de anillos y sus lunas más grandes. Aquí ilustramos, de izquierda a derecha, las lunas Titania, Umbriel, Miranda, Ariel y Oberón.

Lunas planetarias

Existen más de cien lunas en el sistema solar, que orbitan siete de los planetas, sólo Mercurio y Venus no tienen lunas. Las lunas más pequeñas son del tamaño de un pueblo y las más grandes superan el tamaño del planeta más pequeño. Hasta hace 30 años sólo conocíamos 33 lunas, pero se descubrieron más cuando las dos sondas espaciales *Voyager* volaron alrededor de los planetas anillados en la década de 1980. Desde entonces, telescopios más poderosos y técnicas mejoradas han permitido otros descubrimientos.

Las lunas de Saturno
Los astrónomos han identificado más de 34 lunas girando alrededor de Saturno, y probablemente existen más. Como la mayoría de lunas en el sistema solar, éstas tienen nombres relacionados con antiguas mitologías. Tetis (arriba derecha) y Dione (arriba izquierda) tienen los nombres de dos de las hermanas del dios Saturno.

Orígenes

Júpiter tiene la familia más grande de lunas. Se han identificado 63 y los astrónomos están buscando más. Las lunas más grandes, como Ganímedes, se formaron al mismo tiempo que Júpiter. Sus lunas más pequeñas son asteroides, capturados por la gravedad de Júpiter. Marte tiene dos lunas-asteroides, Fobos y Deimos.

Ganímedes y Janus
Ganímedes (izquierda), la luna de Júpiter es la más grande de todas las del sistema solar. Mide 5.262 km de diámetro, y es más grande que Mercurio y Plutón. Janus (derecha), de Saturno, con 191 km, es una de las lunas pequeñas. Aunque se conocen algunas de 2 y 3 km.

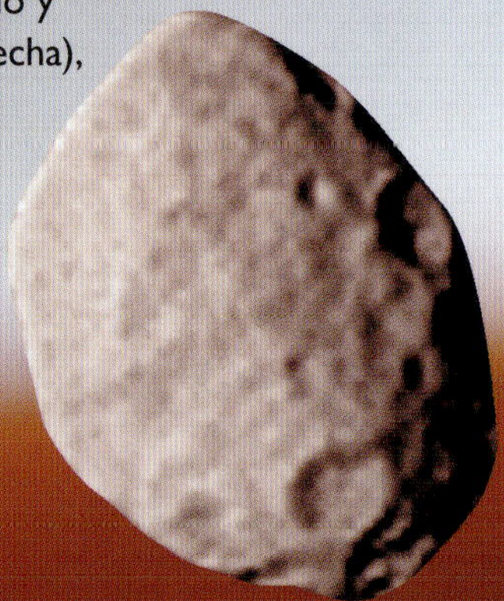

El descubrimiento de las lunas

Las primeras lunas en ser descubiertas, aparte de la Luna de la Tierra, fueron algunas de las lunas de Júpiter y Saturno en el siglo XVII. El astrónomo Giovanni Cassini (izquierda) estudió Saturno y descubrió Japeto, Rea, Tetis y Dione, así como el espacio que existe en el anillo de Saturno que lleva su nombre. La primera de las 27 lunas de Urano fue descubierta en 1787, y Tritón, la más grande de las 13 conocidas de Neptuno, en 1846. La única luna de Plutón, Charon, fue detectada en 1978.

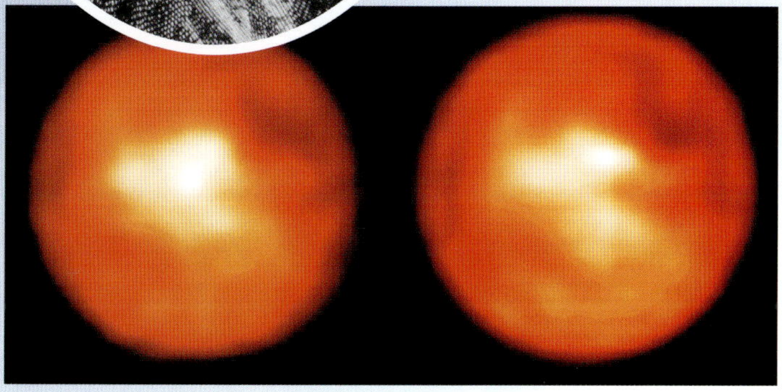

Investigaciones

Las sonsas espaciales nos han mostrado cómo son muchas de las lunas. Cada una es una roca, o un cuerpo rocoso helado. Las pequeñas de forma irregular parecen iguales. Pero las grandes y redondas tienen rasgos diferentes. Allí existen volcanes helados, océanos congelados, chorros de azufre, lava hirviendo y superficies acanaladas y con cráteres.
La sonda *Cassini* revelará más acerca de las lunas de Saturno, en especial sobre Titán (izquierda), la única luna con atmósfera verdadera. Su superficie se encuentra debajo de gruesas nubes naranjas.

Io y Europa

Io y Europa, dos de las lunas más grandes de Júpiter, son mundos opuestos. Io (abajo izquierda) está cubierta con volcanes, roca fundida y lagos de azufre. Todo el tiempo ocurren erupciones de gas y lava. La superficie de Europa (abajo derecha) está cubierta de hielo. Debajo de él existe un océano líquido, donde podría existir vida.

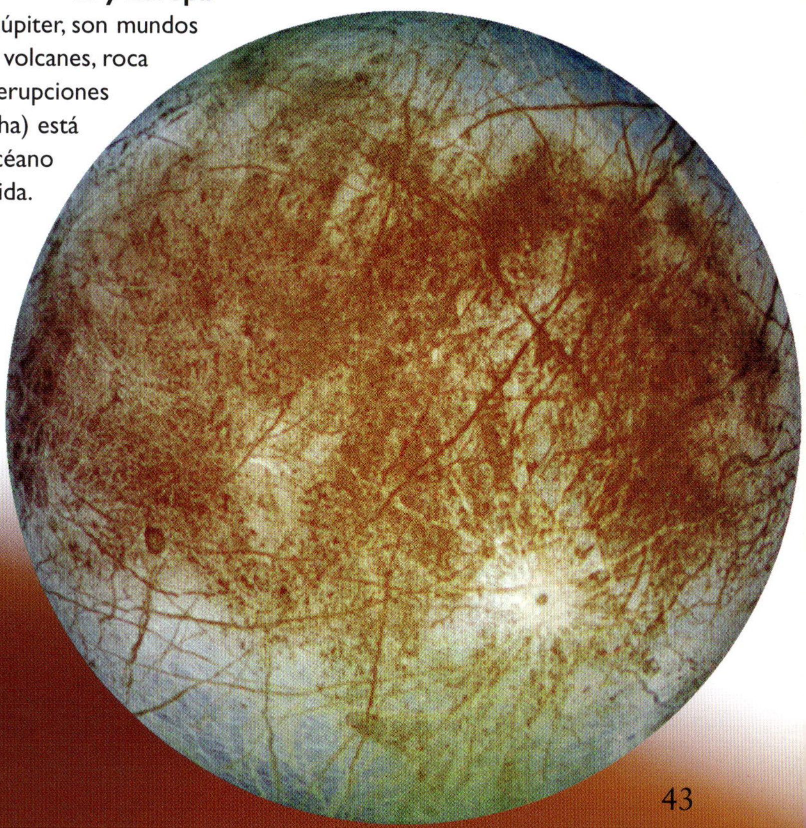

Reinos congelados

Existen cerca de diez billones de cometas en el sistema solar. Cada uno es un mundo de nieve, hielo y polvo del tamaño de una montaña, una gigantesca bola de nieve cósmica. Conforman una gran esfera llamada la Nube de Oort, que rodea la zona planetaria del sistema solar. El borde más cercano de la nube está a 600.000 millones de km de distancia aproximadamente, y el más lejano a cerca de 7 billones de km. Aun los cometas más cercanos son muy pequeños y distantes para ser vistos. Sólo es posible verlos cuando abandonan la nube y viajan hacia el Sol.

El núcleo de Halley
Sólo hemos visto el núcleo de dos cometas. El primero fue el del cometa Halley (izquierda). La sonda espacial *Giotto* logró viajar a 600 km de su núcleo congelado, de 16 km de largo, en marzo de 1986.

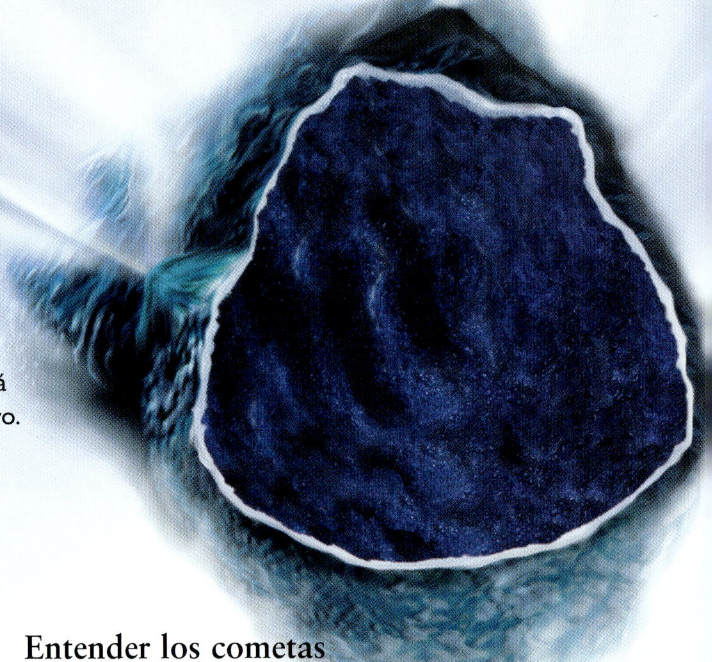

Bola de nieve cósmica
Los cometas son descritos como bolas de nieve sucias, porque son una masa de nieve y polvo rocoso. De hecho, no tienen forma de bola pues son irregulares, más parecidos a una papa o a un cacahuete. Un corte transversal podría mostrar que su helado interior está cubierto por una capa de polvo.

Miedo a los cometas
Durante siglos, se creyó que la aparición repentina de un cometa en el cielo era signo de que se avecinaba un desastre. Moctezuma II, el último emperador azteca, consideró la llegada de este cometa (abajo) y de otro brillante como augurio de que perdería su imperio, y así sucedió en 1519.

Entender los cometas

El primer paso para entender los cometas se dio en 1705, cuando Edmond Halley demostró que un cometa podía retornar en el cielo de la Tierra. En 1951, Fred Whipple dijo que el núcleo de un cometa era como una bola de nieve sucia. Esto fue confirmado cuando la sonda *Giotto* investigó el cometa Halley en 1986. La nave espacial *Deep Impact* llevaba consigo una sonda, que se estrelló contra el cometa Tempel-1 en 2005, liberando detritos de la superficie. Los estudios del *Deep Impact* se sumarán a nuestro conocimiento de los cometas.

En el cielo de la Tierra

De vez en cuando, un cometa abandona la Nube de Oort y se dirige al interior del sistema solar. Cuando el cometa se encuentra más cerca del Sol que Marte, el calor del Sol transforma su nieve en gas. Esto forma una cabeza alargada alrededor del núcleo, llamada coma. El gas y el polvo se separan del núcleo y forman colas. El cometa es entonces lo suficientemente grande y brillante para ser visto desde la Tierra. Hasta ahora se han visto cerca de 750 de estos cometas. La cola de gas azul y la cola de polvo blanco del cometa Hale-Bopp (derecha) fueron claramente visibles cuando atravesó nuestro cielo en 1997.

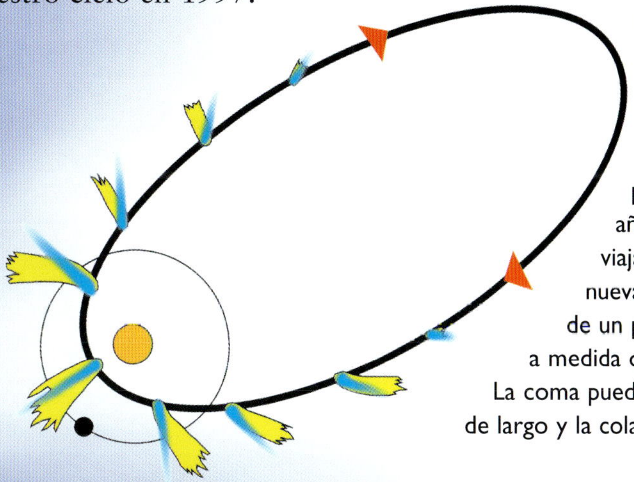

Cometas que regresan

Aproximadamente 150 cometas siguen órbitas que los traen de vuelta a nuestro cielo en un período de menos de 200 años. Cada vez que éstos viajan cerca del Sol desarrollan nuevas comas y colas, y después de un par de meses se encogen, a medida que el cometa se aleja. La coma puede ser de 100.000 km de largo y la cola de 100 millones de km.

Estrellas fugaces

El polvo que pierde un cometa cuando viaja cerca del Sol se dispersa en su órbita y forma una corriente de meteoroides, un anillo de diminutas partículas de polvo no más grandes que un grano de arena. Mientras la Tierra orbita el Sol, atraviesa unas veinte corrientes de meteoroides. Cuando un meteoroide entra a la atmósfera de la Tierra, se calienta y produce una estela de luz en el cielo, que se conoce como meteorito, también llamados comúnmente estrellas fugaces por como se ven en nuestro cielo.

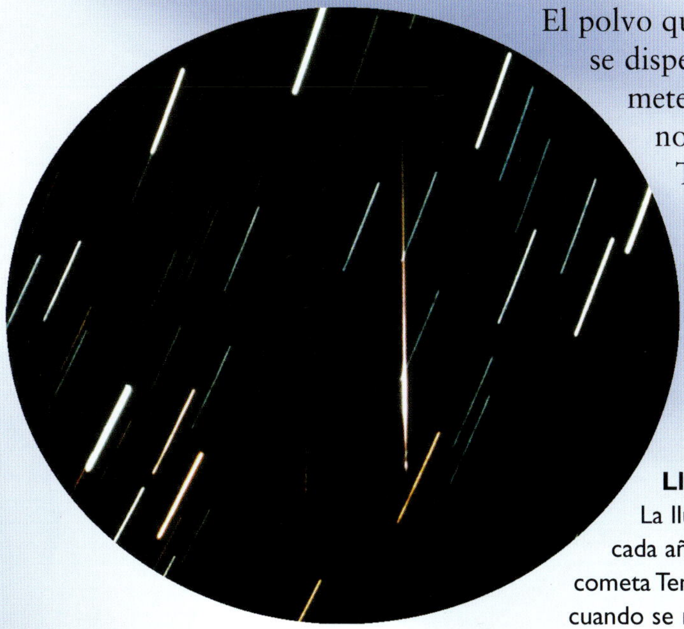

Lluvia de luz

La lluvia de meteoritos, las Leonidas, se puede ver en noviembre de cada año, cuando la Tierra pasa a través de la corriente de polvo del cometa Tempel-Tuttle. Esta imagen fue tomada el 17 de noviembre de 1966 cuando se registró una tasa récord de 60.000 meteoritos por hora.

EL REINO DE LAS ESTRELLAS

El universo está lleno de estrellas. Existen millones y millones de ellas, más que de cualquier otro tipo de objeto espacial. Cada una es una enorme esfera de gas increíblemente caliente y luminosa. La gravedad de la estrella mantiene el gas unido. Las estrellas difieren en brillo, color, tamaño, edad y masa. Los astrónomos están especialmente interesados en la masa (la cantidad de gas que la forma). Algunas estrellas son menos masivas que el Sol, y otras lo son más. La masa establece muchas características de la estrella y determina su futuro.

Entender las estrellas
Arthur Eddington estaba fascinado con las estrellas y dedicó mucho tiempo de su vida a comprenderlas. Demostró, entre otras cosas, que el calor y la energía de la luz de una estrella son producidos por cambios en su interior. Arriba, una fotografía de 1933 donde aparece junto a Albert Einstein.

Galaxias
Las estrellas no están a la deriva, se encuentran en galaxias. Cada una tiene muchas estrellas y existe una vasta distancia entre ellas. Nuestro Sol, está dentro de la galaxia de la Vía Láctea. Andrómeda (derecha) es una de las galaxias más cercanas.

Ciclo de vida estelar

Las estrellas nacen todo el tiempo en el interior de las galaxias. Miles de ellas se forman al mismo tiempo en enormes nubes de gas y polvo y forman cúmulos. Las estrellas en algunos cúmulos se separan, mientras que otras permanecen juntas hasta que mueren. Las estrellas de mayor masa viven menos tiempo, unos pocos millones de años. Las de menor masa, como el Sol, viven más tiempo, miles de millones de años. El material de las estrellas moribundas es expulsado de nuevo hacia el espacio. Eventualmente se convierte en parte de una nube de gas y polvo, y sirve para formar nuevas estrellas.

Brillo estelar
Desde la Tierra vemos que las estrellas difieren en brillo, pero no es cierto, lo que sucede es que se encuentran a diferente distancia. Una estrella puede parecer más brillante sólo porque está más cerca. Se investiga el brillo aparente de las estrellas y el brillo real, es decir la luminosidad, la cantidad de luz que producen.

Reciclado estelar
Cerca de 12.000 años atrás, una estrella explotó. Sus restos se esparcieron en el espacio y formaron las cintas y láminas de gas y polvo conocidos como los remanentes de la supernova Vela. En millones de años este material formará nuevas estrellas.

Las estrellas

Existen miles de estrellas en el cielo que pueden observarse a simple vista. En las ciudades, sólo pueden verse las más brillantes, pero en áreas donde no hay luces en las calles o en las casas, en una noche sin luna, en el cielo se ven miles de estrellas. Los diseños imaginarios, las constelaciones, dibujados alrededor de las estrellas más brillantes, ayudan a los cazadores de estrellas a reconocer estrellas individuales y a encontrar su rumbo en el cielo. Muchas tienen relación con personajes y criaturas de mitos antiguos. Las primeras fueron divisadas hace cerca de 4.000 años atrás por los griegos y los babilonios. Los islámicos y los europeos adoptaron las constelaciones. Hoy, el cielo está dividido en 88 constelaciones, que pueden detectar los cazadores de estrellas.

Perseo
Esta imagen de la constelación árabe muestra al héroe griego Perseo. La estrella Algol marca la cabeza de la Medusa.

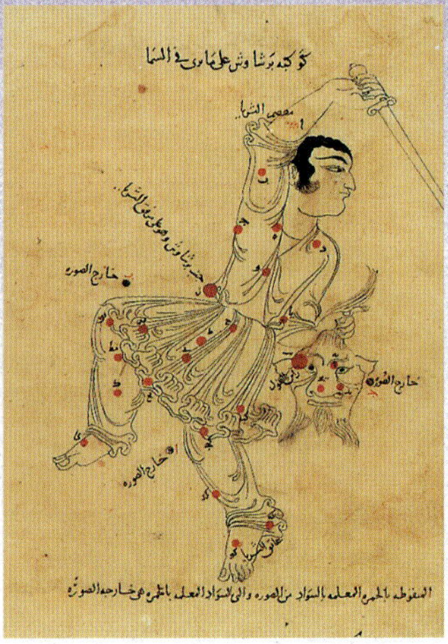

Cielos cambiantes
¿Cuáles estrellas se ven en el cielo? Depende del lugar de la Tierra desde donde se observe, la estación del año y la hora de la noche. Estos cazadores de estrellas están mirando desde el hemisferio norte, durante una noche de febrero, las constelaciones de Gémini, los gemelos (arriba izquierda), Orión, el cazador (arriba centro) y Tauro, el toro (arriba derecha).

Estrellas brillantes

Muchas de las estrellas brillantes en el cielo nocturno tienen nombre. La más brillante de todas es Sirio en la constelación de Can Mayor, el gran perro. Su nombre proviene de la palabra griega ardiente. Otros nombres, como el de Algol, en la constelación de Perseo, son de origen árabe. Algol proviene de la palabra árabe que significa cabeza del demonio. En la mitología griega, Perseo corta la cabeza de Medusa, y en la constelación aparece sosteniéndola en su mano.

Escorpión

Escorpión, es una de las constelaciones del zodiaco y fue una de las primeras en inventarse. En la mitología griega, este escorpión utilizó su aguijón para matar a Orión. Puede ser vista desde el hemisferio sur y desde las latitudes más bajas del hemisferio norte.

Hércules

Es la quinta constelación más grande, visible en ambos hemisferios excepto en la parte más al sur. Hércules fue el héroe griego que llevó a cabo 12 tareas, una de las cuales fue matar a un dragón. Hércules se ve con su pie sobre la cabeza del dragón, en la constelación Draco.

Fénix

Muchas de las constelaciones en el cielo del sur fueron divisadas cuando los navegantes llegaron a las tierras del sur. Fénix fue uno de los doce nombres inventados por dos navegantes holandeses a finales del siglo XVI. Se ve mejor en el hemisferio sur.

La Cruz del Sur

Es la constelación más pequeña del cielo, pero es muy fácil de encontrar. Sus estrellas una vez fueron parte de Centauro, y sólo tomaron la forma de una cruz a finales del siglo XVI. Los cazadores de estrellas del hemisferio sur podrán encontrarla con rapidez.

Gigantes y enanas

Las estrellas están catalogadas de diferentes maneras. El nombre de cada tipo, como enana roja o gigante azul, indica el color, la temperatura y el tamaño de la estrella. Las gigantes son decenas de veces más grandes que el Sol. Las supergigantes pueden llegar a ser miles de veces más grandes que el Sol. Las estrellas como el Sol son llamadas estrellas de secuencia principal, y todas son enanas. Otros tipos de estrellas enanas son diminutas en comparación con éste.

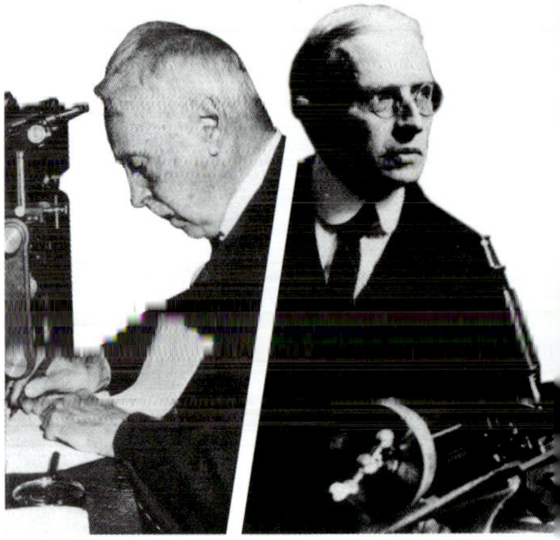

Tipos de estrellas
A comienzos del siglo XX, se estudiaron las características de las estrellas. Dos astrónomos, Ejnar Hertzsprung (arriba izquierda) y Henry Russell (arriba derecha) que trabajaron por separado, se dieron cuenta de que las estrellas se podían catalogar en diferentes tipos: gigantes y enanas, dependiendo de su temperatura y luminosidad.

Enanas cafés
Se forman nuevas estrellas en los pilares de gas y polvo de la nebulosa del Águila. Las de poca masa no producen luz ni calor: las enanas cafés.

Enanas blancas

Una enana blanca es una estrella que está muriendo. Su gas se ha extinguido y pronto no producirá luz y calor. Se está enfriando y encogiendo lentamente. Su material se compacta y se vuelve más densa a medida que se encoge, su tamaño será más o menos el de la Tierra.

Estrellas en constante cambio

La mayoría de estrellas están compuestas de gases, principalmente de hidrógeno y helio. En el interior de una estrella, el hidrógeno se convierte en helio en un proceso llamado fusión nuclear. La energía, como calor y luz, se produce en este proceso. En algunas estrellas el helio se convierte a su vez en otros elementos como oxígeno y carbono. Una estrella cambia su tamaño y color a medida que utiliza un gas y continúa su proceso convirtiéndolo en otro. Una estrella puede ser gigante y enana en diferentes períodos de su vida y tener una gran variedad de colores.

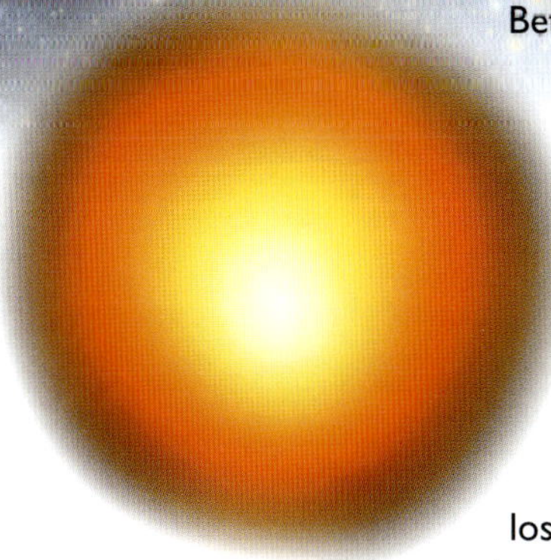

Supergigante roja

Betelgeuse, en la constelación de Orión, es una supergigante roja. Todas las estrellas son muy calientes, pero las rojas son de las más frías. Su temperatura está cerca a 3.000 °C. El Sol y otras estrellas amarillas son más calientes, alcanzan los 5.500 °C. Las estrellas azules, que son las más calientes, tienen una temperatura cercana a 30.000 °C.

El futuro del Sol

El Sol se convertirá en una nebulosa planetaria (5). Comenzará a morir a medida que arrojará material de sus capas externas. El remanente se compactará para formar una estrella más o menos del tamaño de la Tierra: una enana blanca (6).

Los comienzos del Sol

El Sol, al igual que otras estrellas, se creó dentro de una gran nube de gas y polvo. Surgió de la unión del material de la nube (1). El material en el centro del joven Sol se calentó y compactó, cuando alcanzó los 10 millones de °C, comenzó la fusión nuclear. Se produjo energía y el Sol comenzó a brillar (2).

El Sol hoy

El Sol ahora está a medio camino de ser una estrella de secuencia principal (3) y permanecerá así alrededor de 5 mil millones de años más. A medida que utiliza su hidrógeno, el Sol se expandirá y su superficie se enfriará para volverse roja. Será una gigante roja hasta cien veces más grande (4).

Final explosivo

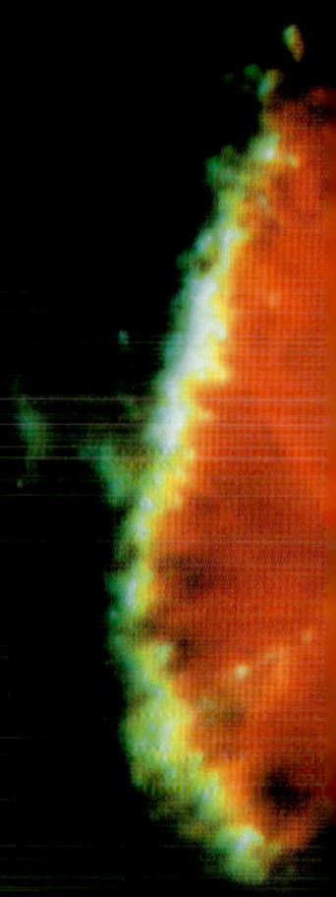

Las estrellas pueden tardar miles de millones de años en morir o extinguirse repentinamente. La manera como una estrella muere tiene una explicación. Su final se determina desde el comienzo de su vida. La muerte de una estrella, como el curso de su vida, depende de su masa y su composición. Las estrellas que tienen mucha más masa que el Sol terminan sus vidas en una explosión espectacular, desintegrándose repentinamente. Las estrellas compuestas por menos material, tienen una muerte lenta y colorida.

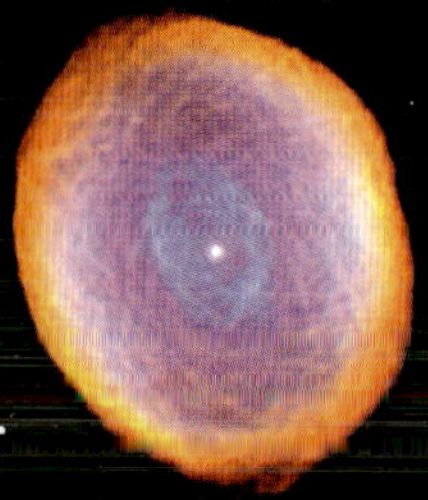

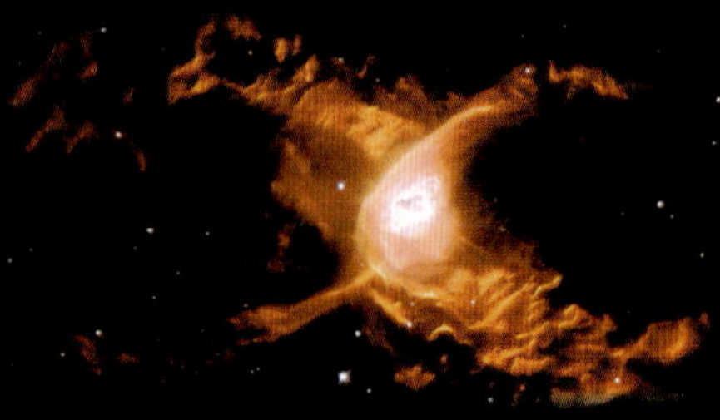

La Araña Roja
Un viento de 1.000 km/s se desprende de la enana blanca en el centro de esta nebulosa planetaria. El gas y el polvo circundante tienen brillo resplandeciente y forman el perfil de una araña.

El Espirógrafo
Todas las nebulosas planetarias tienen números de identificación. Algunas también tienen nombres no oficiales. El Espirógrafo tomó su nombre del instrumento para dibujar y de los diseños que éste crea.

Explosiones de color

Las estrellas que tienen menos de ocho veces la masa del Sol mueren lentamente. El proceso comienza cuando expulsan sus capas de gas y se vuelven coloridas (nebulosas planetarias). Serán así por cientos de años hasta que el material finalmente se disperse. En el corazón de la nebulosa queda una enana blanca, los restos de la estrella original, que se enfriará y morirá después de miles de millones de años.

La Mariposa
Chorros de gas salen del corazón de esta nebulosa planetaria para formar las alas de la Mariposa. Existen dos estrellas en el centro, una es una enana blanca, que fue una gigante roja que expulsó sus capas externas hacia el espacio hace unos 1.200 años.

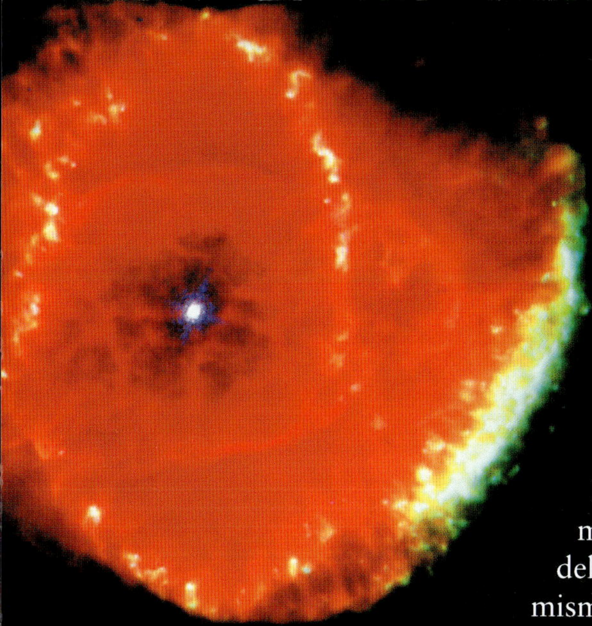

Eta Carinae

Eta Carinae es una de las estrellas masivas más conocidas, tiene cerca de cien veces más masa que el Sol. Tuvo un episodio explosivo en 1843 y por algún tiempo fue la segunda estrella más brillante en nuestro cielo. Se espera que muera en una última explosión.

Estrellas en explosión

Las estrellas que tienen más de ocho veces la masa del Sol explotan por sí mismas. Una estrella que ha explotado es una supernova y luce como una estrella brillante. Una parte del núcleo de la estrella permanece, y el futuro de ese núcleo depende de su masa. Si es tres veces mayor que la del Sol, se vuelve un agujero negro, si es menor, crea una estrella pulsar superdensa del tamaño de una gran ciudad.

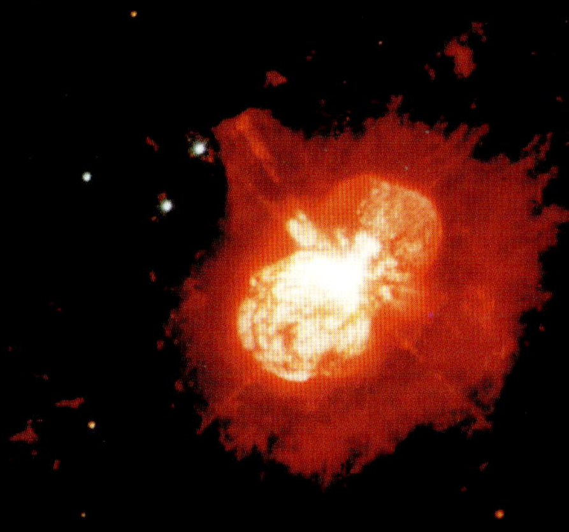

Ojo de Gato

Los telescopios de hoy muestran la estrella central y el material brillante de las nebulosas como Ojo de Gato. Pero cuando las primeras de estas estrellas fueron descubiertas 200 años atrás, los telescopios las mostraban como discos en forma de planetas. Por esto se conocen como nebulosas planetarias.

El descubrimiento de las pulsares

La nebulosa del Cangrejo son los restos de una supernova que explotó hace unos 1.000 años. En su centro existe una estrella pulsar. La estrella gira 30 veces por segundo. La primera estrella giratoria de neutrones, pulsar, fue descubierta en 1967, cuando Jocelyn Bell Burnell registró ondas de radio provenientes de la estrella mientras giraba.

Agujero negro

Se produce cuando el núcleo de una estrella colapsa dentro de sí mismo. Su gravedad es tan fuerte que nada puede salir y todo queda atrapado para siempre. Ni siquiera la luz puede escapar, por esto el agujero parece negro.

Avance
En la década de 1920, Edwin Hubble demostró que existen otras galaxias aparte de la nuestra, que conforman un conjunto de formas básicas y que se están alejando.

Islas en el universo

Existen miles de millones de galaxias. Cada una es un vasto grupo de estrellas que se mantienen unidas por su gravedad. Una sola galaxia contiene miles de millones de estrellas y nubes de gas y polvo.
Las galaxias son muy grandes y existen enormes distancias que las separan, como islas remotas dispersas a lo largo del espacio. Al mirar desde nuestra galaxia, la Vía Láctea (derecha), vemos sólo unas pocas galaxias, que parecen manchas de luz. Se utilizan poderosos telescopios para descubrir otras galaxias.

Tipos de galaxias

Las galaxias están catalogadas por su forma. Una galaxia de espiral tiene forma de disco con una protuberancia brillante en el centro y brazos de estrellas en espiral. En una espiral barrada, el centro parece una barra con brazos en sus extremos. Las elípticas tienen forma de bola, como un balón de fútbol americano.
El cuarto tipo, el irregular, no tiene forma definida. No existen dos galaxias de éstas iguales.

Formas
El tamaño de la protuberancia del centro y la distancia de sus brazos al centro de las galaxias espirales y barradas difiere de una a otra. Arriba a la izquierda está la espiral NGC 1232 y arriba a la derecha, la espiral barrada NGC 1300. La galaxia elíptica M32 está abajo a la izquierda y la Gran Nube de Magallanes, de forma irregular, está abajo a la derecha.

Vía Láctea
Desde el interior de la Vía Láctea podemos ver hacia el centro de la galaxia. La concentración de estrellas traza un camino lechoso de luz a través del cielo nocturno. Las nubes de polvo oscuro esconden las estrellas más distantes.

Nuestra galaxia

El Sol es una de las 500.000 millones de estrellas o más que conforman la Vía Láctea. Los astrónomos creen que es una espiral barrada, pero es difícil ver su forma total desde nuestra posición dentro de la galaxia. La Vía Láctea mide 100.000 años luz de lado a lado (un año luz es la distancia que viaja la luz en un año: 9,46 billones de km). Incluso la galaxia más pequeña mide miles de años luz de ancho, y la más grande tiene más de un millón de años luz de lado a lado.

Galaxia Cartwheel
Los astrónomos utilizan números y coordenadas de ubicación para identificar las galaxias, sin embargo, algunas han recibido nombres no oficiales. La inusual galaxia de arriba es la Cartwheel, el resultado de dos galaxias que colisionaron.

Cúmulos
Las galaxias existen en cúmulos, no dispersas aleatoriamente en el espacio. Un cúmulo puede contener decenas, centenas o miles de galaxias. El cúmulo Coma (arriba) tiene por lo menos 1.000 galaxias brillantes. La Vía Láctea pertenece a un cúmulo llamado el Grupo Local, que incluye la galaxia Andrómeda y la Gran y Pequeña Nube de Magallanes.

Vida

Con frecuencia se les pregunta a los astrónomos si hay vida en el espacio. Ésta es una pregunta que nadie puede responder con certeza. El universo es enorme y sería sorprendente que la Tierra fuera el único lugar en el que existiera vida; pero, hasta ahora, es el único lugar en donde sabemos que realmente existe. Ninguna forma de vida ha estado en contacto con nosotros y no hemos encontrado ninguna evidencia de seres vivos fuera de la Tierra. Sin embargo, los astrónomos buscan activamente vida en el espacio.

Vida en la Tierra

Estudiar la vida sobre la Tierra ayuda en la búsqueda de vida en el espacio. Los elementos que se necesitan para la vida –carbono, hidrógeno y oxígeno– han sido encontrados en el universo. Sabemos que la vida puede existir en condiciones extremas. A gran profundidad en los océanos de la Tierra, el agua caliente, rica en químicos, emerge desde regiones volcánicas, produciendo fumarolas (izquierda). La bacteria, una forma de vida unicelular, se desarrolla sobre los compuestos del sulfuro dentro de estas fumarolas, sin necesidad de oxígeno.

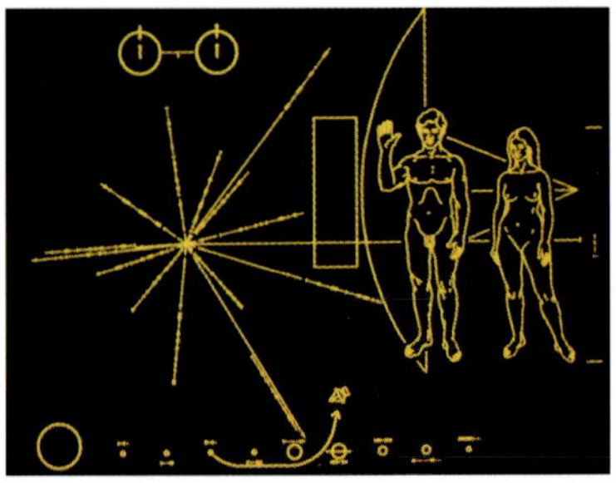

Mensajes desde la Tierra
Las sondas espaciales lanzadas llevan mensajes en caso de que sean encontradas por algún tipo de vida inteligente. *Pioneer 10* y *11*, lanzados en 1972 y 1973, llevan una placa con un plano del sistema solar y figuras humanas. *Voyager 1* y *2*, lanzados en 1977, llevan discos con sonidos de la Tierra.

Vida en el sistema solar

Marte y la luna de Júpiter, Europa, quizá son, o han sido en el pasado, hogar de formas de vida primitiva. Marte, ahora es frío y el agua en él está congelada. En el pasado era más caliente, y alguna vez el agua fluyó por su superficie. Tal vez en ese tiempo pudo desarrollarse vida. Dos sondas aterrizaron sobre Marte en 1976 y examinaron el suelo en busca de signos de vida. Los resultados fueron inconclusos, pero la búsqueda continúa y se envían nuevas sondas y vehículos robotizados a Marte para futuras investigaciones.

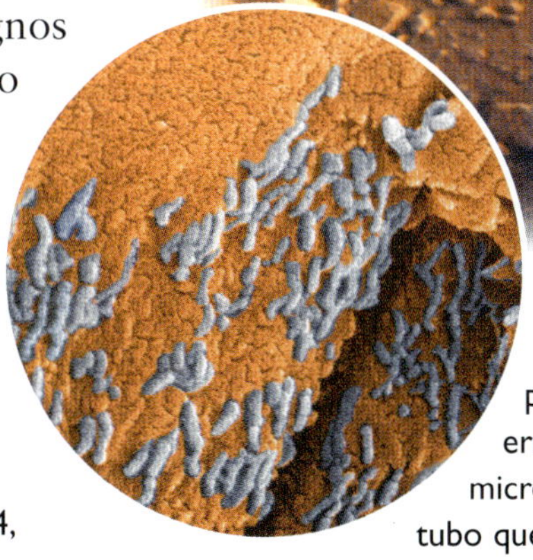

¿Vida en Marte?
En 1996 unos científicos pensaron, de manera errada, que las estructuras microscópicas parecidas a un tubo que estudiaban en una roca marciana, eran fósiles de una forma de vida primitiva.

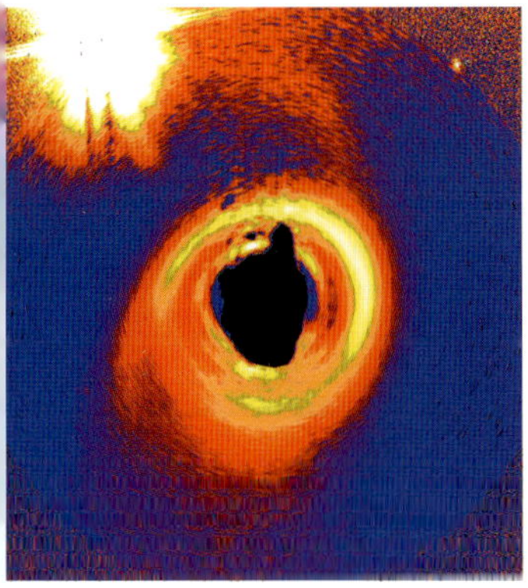

Planetas extrasolares
Es probable que exista vida en planetas fuera del sistema solar. Se tiene información, desde 1984, sobre jóvenes estrellas con anillos de polvo, que están formando planetas (izquierda). El primer planeta extrasolar fue descubierto en 1995. Ahora se conocen más de cien.

Fuera del sistema solar
Los astrónomos han estado buscando vida inteligente fuera del sistema solar por más de 40 años. Utilizan radiotelescopios, como el de Parkes, Australia (derecha), para escuchar señales que pudieran ser enviadas deliberadamente a nosotros o transmitidas por azar. Tienen la tarea de escuchar cerca de mil estrellas similares al Sol, algunas de las cuales, sabemos, cuentan con planetas.

Inflación

En 1979, Alan Guth, explicó que cuando el universo era joven creció de manera increíble y descomunalmente rápido.

Pequeña explosión

El Big Bang fue realmente una pequeña explosión. Pero casi inmediatamente después de que sucedió, el universo se expandió. En una diminuta fracción de segundo pasó de ser algo más pequeño que un átomo, a algo más grande que una galaxia.

De principio a fin

El universo se creó en una explosión que se denomina Big Bang, hace 13 mil millones de años. Todos los elementos que hacen parte del universo, así como el espacio y el tiempo, se originaron en esa explosión. Las diminutas partículas se convirtieron en estrellas y galaxias. La historia del universo, desde el Big Bang hasta el presente, ha sido recopilada y rescatada en los últimos 70 años. Con cada nueva observación o descubrimiento, se aprende más acerca de nuestro pasado y nuestro presente, y puede comprenderse mejor lo que nos depara el futuro.

Primeros elementos

El muy joven universo, formado por increíbles partículas diminutas, era inimaginablemente caliente y denso. Pasados tres minutos después del Big Bang, la temperatura decayó a mil millones de °C y se formaron los primeros elementos. El universo se formó con más o menos un 77% de hidrógeno, un 23% de helio y con una minúscula cantidad de litio.

Quasar
Cuando los astrónomos observan el universo, miran atrás en el tiempo. Los objetos están tan distantes que su luz toma millones de años para alcanzarnos. Los quasar (izquierda), poderosos núcleos de galaxias muy remotas, se descubrieron en 1963, gracias a Maarten Schmidt.

Primeras estrellas y galaxias

El universo se enfrió y se volvió menos denso a medida que se expandió, y unos 300.000 años después del Big Bang se volvió transparente. Unos 300 millones de años después, el hidrógeno y el helio comenzaron a formar hilos y luego nubes rodeadas por espacio vacío. Cuando el universo tenía más o menos mil millones de años, estas nubes produjeron las primeras estrellas y galaxias.

El universo en constante cambio
El universo continúa cambiando. Incluso en este momento, se forman estrellas, las galaxias cambian de forma y se estrellan unas con otras. El universo continúa enfriándose y expandiéndose. Se cree que esto continuará hasta que dentro de billones de años, todas las estrellas hayan muerto y el universo se haya enfriado y convertido en un lugar oscuro.

Glosario

aficionado Alguien que realiza algo como pasatiempo. Un astrónomo aficionado es alguien que estudia las estrellas y planetas en su tiempo libre.

agujero negro Los restos de una estrella que ha colapsado sobre sí misma. Su gravedad es tan fuerte que nada se puede escapar de él.

año luz Unidad de medida astronómica. Un año luz es la distancia que viaja la luz en un año: 9,46 billones de kilómetros.

asteroide Pequeño cuerpo rocoso que orbita alrededor del Sol. Cerca del 90% se encuentran en el cinturón principal entre las órbitas de Marte y Júpiter.

astronauta Hombre o mujer que viaja por el espacio.

astronomía El estudio de todo lo existente en el espacio, incluyendo el sistema solar; la Vía Láctea y lo que se encuentra fuera de la Vía Láctea.

astrónomo Persona que estudia las estrellas y los planetas y otros objetos en el espacio.

atmósfera Capa de gases alrededor de un planeta o una luna. La atmósfera de una estrella está conformada por sus capas de gas que se encuentran más allá de su fotosfera.

átomo Partícula más pequeña de un elemento.

aurora Despliegue de luces de colores en el cielo, sobre las regiones polares de la Tierra.

Big Bang La explosión que originó el universo, el espacio y el tiempo, unos 13.000 millones de años atrás.

brillo La medida de luz de una estrella. Los astrónomos miden el brillo de dos maneras. Una escala de brillo aparente mide el brillo de una estrella vista desde la Tierra. Una escala de brillo absoluto mide el brillo real de una estrella.

cinturón de Kuiper El cinturón plano de helados objetos rocosos que comienzan más allá de la órbita de Neptuno y llegan al borde interno de la Nube de Oort.

cometa Pequeño cuerpo de nieve y polvo. Billones de cometas orbitan alrededor del Sol más allá de los planetas. Todos juntos forman la Nube de Oort.

constelación Un pedazo de cielo cuyas estrellas brillantes forman un diseño imaginario.

cosmólogo Alguien que estudia el origen, evolución y futuro del universo.

cráter Hendidura en la superficie de un planeta o luna, producida por un meteorito que se ha estrellado contra éste.

cuadrante Cuarto de círculo. También es el nombre de un instrumento astronómico, utilizado principalmente antes de la invención del telescopio para medir las posiciones de las estrellas y los planetas en el cielo.

eclipse Efecto logrado cuando un objeto en el espacio está a la sombra de otro. Cuando la sombra de la Tierra cae sobre la Luna se denomina eclipse lunar. Cuando la Luna cubre el Sol y su sombra cae sobre la Tierra se denomina eclipse solar.

ecuador Línea imaginaria dibujada alrededor de la mitad de un planeta o luna. Ésta divide la parte superior (la mitad norte de un planeta o luna) de la parte inferior (mitad sur).

elemento Sustancia básica como el hidrógeno o el oxígeno.

elipse Una forma bidimensional, un círculo alargado.

espectro Arco iris producido cuando la luz se fragmenta.

espectro electromagnético Gama de ondas de energía emanadas por los objetos que viajan a través del espacio. Dentro de las ondas se encuentran las ondas de luz, radio, rayos X e infrarrojos.

estrella Una esfera de gas muy caliente y luminoso que produce energía por fusión nuclear.

fósil Restos de un ser que vivió en el pasado, tal como una planta o un animal, que son preservados por un material de la superficie de un planeta.

fotosfera Capa visible y externa del Sol o de otra estrella.

fusión nuclear Proceso por el cual los elementos que se encuentran dentro de una estrella producen otros elementos. Por ejemplo, los átomos de hidrógeno se fusionan para producir helio.

galaxia Un gran número de estrellas, gas y polvo unidos por la gravedad.

gravedad Fuerza de atracción que se encuentra por todo el universo. La gravedad del Sol atrae a la Tierra y la de la Tierra a la Luna.

hemisferio La mitad de un planeta o luna. El hemisferio norte es la mitad que se encuentra sobre la línea del ecuador; el hemisferio sur se encuentra debajo.

latitud Medida de distancia de norte a sur con respecto a la línea del ecuador de la Tierra. La medida de latitud también se utiliza en otros planetas, lunas y el Sol.

longitud de onda Distancia entre los picos o puntos mínimos en las ondas de radiación electromagnética.

luminosidad Cantidad de luz producida por una estrella.

luna Roca o cuerpo helado y rocoso que orbita alrededor de un planeta o un asteroide.

masa Cantidad de material que compone algo.

materia oscura Material en el universo, invisible para nosotros, que aún no ha sido encontrado. Cerca del 95% del universo.

meteorito Roca espacial que aterriza sobre la Tierra, o cualquier otro planeta o luna.

meteoro Estela de luz producida por un meteoroide a medida que viaja a través de la atmósfera de la Tierra.

meteoroide Pequeño pedazo de polvo de un cometa o asteroide, no más grande que un grano de arena.

nebulosa Nube de gas y polvo en el espacio. *Ver* nebulosa planetaria.

nebulosa planetaria Tipo de estrella que está conformada por una nube colorida de gas y polvo que se expande y que ha sido expulsada por una estrella en proceso de extinción.

Nube de Oort Vasta esfera de cometas que circundan al Sol y los planetas

observatorio Construcción o grupo de construcciones que albergan telescopios para la observación de las estrellas y los planetas.

órbita Camino que toma un objeto alrededor de otro más masivo. La Luna sigue una órbita alrededor de la Tierra y la Tierra orbita alrededor del Sol.

planeta Cuerpo grande y esférico conformado por roca o gas, que orbita alrededor del Sol o de otra estrella.

profesional Alguien que dedica su tiempo a realizar algo. Un astrónomo profesional es alguien que se dedica a estudiar las estrellas y planetas.

pulsar Estrella de neutrones (una estrella densa y colapsada) que gira y envía pulsaciones de energía hacia el espacio.

quasar Núcleo muy brillante de una galaxia distante. Su nombre es la abreviación de objeto cuasiestelar.

radar Técnica en la que las ondas de radio son enviadas hacia un objeto y que se reflejan de vuelta para medir la distancia del objeto. Los astrónomos utilizan el radar para realizar mapas de superficies de cuerpos rocosos, como el de Venus.

reflector Telescopio que utiliza espejos para obtener y enfocar la luz, y formar una imagen de un objeto distante.

refractor Telescopio que utiliza lentes para obtener y enfocar la luz, y formar una imagen de un objeto distante.

satélite Objeto mantenido en órbita alrededor de un planeta o luna por la gravedad. Un telescopio en órbita alrededor de la Tierra es un satélite hecho por el hombre. La Luna es un satélite natural de la Tierra.

sistema de anillos Conjunto de anillos que rodean un planeta.

sistema solar El Sol y todos los objetos que orbitan alrededor de éste. Incluye los nueve planetas, cerca de cien lunas, millones de rocas espaciales y billones de cometas.

sonda espacial Especie de nave espacial. Es una nave no tripulada enviada para investigar los objetos del sistema solar.

supernova Vieja estrella masiva que explotó de repente.

telescopio Instrumento que utiliza lentes, espejos o una combinación de ambos para obtener la luz de un objeto distante y convertir esa luz en imagen. Así como la luz, los telescopios también pueden captar otro tipo de energía como el radio o los rayos X.

universo Todo lo que existe, todo el espacio y lo que está en él.

Vía Láctea La galaxia en la que vivimos. También es el nombre del camino de estrellas en el cielo de la Tierra, el cual es nuestro panorama hacia el centro de la galaxia.

zodiaco La banda de 12 constelaciones que forman el telón de fondo para el camino del Sol, la Luna y los planetas a medida que se mueven a través del cielo.

Índice

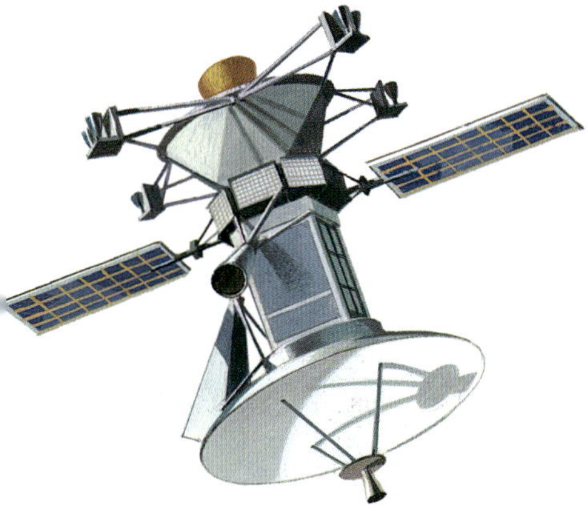

Agradecimientos

Los editores dan las gracias a los siguientes ilustradores por su contribución con este libro:

Jonathan Adams 13 *br*; **Julian Baker** 36; **Julian Baum** 23 *tr*, 27 *tr*, 31 *tr*, 33 *b*, 44–45, 49 *r*, 53 *bl*; **Mark Bristow** 24–25, 38–39; **Terry Gabbey (AFA O Ltd)** 9 *t*; **Alan Hancocks** 22–23 *b*, 34–35, 40–41, 50–51 *br*, 58–59; **Mike Roffe** 23 *tc*; **Mike White** 8–9 b; **Gareth Williams** 16–17, 48–49.

Los editores también dan las gracias a quienes colaboraron con fotografías para este libro:

Páginas: *Portadas* Corbis/© Roger Ressmeyer; **4** *bl* SPL (Science Photo Library)/Magrath Photography; **4** *br* SPL/Frank Zullo; **5** *cl* Galaxy Picture Library/JPL; **5** *tr* SPL/Canada-France-Hawaii Telescope/Jean-Charles Cuillandre; **5** *tc* SPL/Dr Jean Lorre; **5** *cr* SPL/David Nunuk; **5** *br* SPL/Simon Fraser; **6-7** SPL/Dennis Milon/Allan Morton; **6** *bl* SPL/John Chumack; **7** *tl* David Malin Images/David Miller; **8** *tr* Werner Forman Archive/Private Collection; **9** *tl* Corbis/Danny Lehman; **10** *tl* SPL/Detlev van Ravenswaay; **10** *c* SPL/J-L. Charmet; **10** *cr* Bridgeman Art Library/British Library, London, UK; **11** *tl* SPL; **11** *tr* SPL/NASA/Space Telescope Science Institute; **11** *br* Corbis/Bettman; **12** *bl* AKG Images; **12** *bc* Science and Society Picture Library/Science Museum; **13** *tr* SPL/David Parker; **13** *c* Science and Society Picture Library/Science Museum; **14** *tr* Corbis/Hulton-Deutsch Collection; **14** *b* SPL/David Parker; **15** *tl* Corbis/Hulton-Deutsch Collection; **15** *bc* Anglo-Australian Observatory/David Malin; **15** *br* Corbis/© Roger Ressmeyer; **16** *cr* Corbis/© Roger Ressmeyer; **17** *tr* European Southern Observatory/Pierre Kervella; **17** *bl* Bruce Coleman Collection/Astrofoto; **18** *bl* Royal Astronomical Society; **19** *tr* Corbis/Roger Ressmeyer; **19** *c* Corbis/Stephanie Maze; **19** *cr* Bruce Coleman Collection/European Southern Observatory; **19** *br* SPL/David Nunuk; **20** *bl* Corbis/© Roger Ressmeyer; **20** *tr* NASA/CXC/SAO; **21** *tr* SPL/IAP/Yannick Mellier; **22** *tr* SPL/NASA; **22** *bl* SPL/European Space Agency; **23** *cl* European Space Agency; **24** Science and Society Picture Library/Science Museum; **25** © National Maritime Museum, London; **26** *b* Trace Project/NASA; **26** *tr* Science and Society Picture Library/NASA; **27** *bl* SPL/Chris Madeley; **27** *cr* Science and Society Picture Library/Science Museum; **28** *tr* SPL/European Space Agency; **28** *bl* SPL/Dr Morley Read; **28** *bcl* Still Pictures/© Otto Hahn; **28** b*cr* Corbis/David Muench; **28** *br* SPL/Bernhard Edmaier; **29** *tl* Science and Society Picture Library/Science Museum; **29** *br* Corbis/© 1996, original image courtesy of NASA; **30** *tr* SPL/David Nunuk; **31** *br* SPL/NASA; **32** *tl* Royal Astronomical Society; **33** *tl* Corbis/ © Bettman; **34** *bl* NASA/NSSDC; **35** *tr* Corbis/Bettman; **36** *tr* SPL/NASA; **36** *br* Galaxy Picture Library/JPL; **36** *bl* Galaxy Picture Library/JPL; **37** *tl* Galaxy Picture Library/Howard Miles; **37** *cr* SPL/Worldsat International Inc; **37** *c* SPL/Michael Abbey; **37** *br* Antarctic Search for Meteorites Program/W. A. Cassidy; **38** *cl* Galaxy Picture Library/JPL; **39** *tr* Art Archive/Palazzo del Te Mantua/Dagli Orti (A); **39** *cr* Galaxy Picture Library/Robin Scagell; **39** *br* NASA/JPL/California Institute of Technology; **40** *bl* Galaxy Picture Library/JPL; **40** *cr* SPL; **41** *cl* Galaxy Picture Library/STScl; **41** *bl* SPL/NASA; **41** *cr* Galaxy Picture Library/JPL; **41** *br* European Southern Observatory; **42** *tr* SPL/NASA; **42** *bl* Galaxy Picture Library/JPL; **42** *br* Galaxy Picture Library/Calvin J. Hamilton; **43** *tl* SPL; **43** *cl* Galaxy Picture Library/OPM/Athéne Coustenis; **43** *bl* SPL/NASA; **43** *br* Galaxy Picture Library/JPL; **44** *tr* SPL/European Space Agency; **44** *bl* Bridgeman Art Library/Bridgeman Art Library Giraudon/Biblioteca Nacional, Madrid, Spain; **45** *tr* SPL/John Chumack; **45** *bc* SPL/David Mclean; **46** *tr* © Institute of Astronomy, University of Cambridge; **46** *bl* SPL/National Optical Astronomy Observatories (NOAO); **47** *tr* Robert Gendler; **47** *br* SPL/Celestial Image Co; **48** © Bodleian Library, Oxford; **50** *bl* SPL/NASA/Space Telescope Science Institute; **50** *tc* es.geocities.com; **50** *tr* Lorand Eöyvös University Gothard Astrophysical Observatory; **51** *t* SPL/Lynette Cook; **51** *cl* NASA/A Dupree (CfA) & R Cilliland (STScl); **52** *tr* NASA/JPL/R Sahai; **52** *tl* NASA/ESA/HST/Garrelt Mellema (Leiden University); **52** *bc* SPL/NASA/Space Telescope Science Institute; **53** *tl* SPL/NASA/Space Telescope Science Institute; **53** *tr* NOAO/AURA/NSF; **53** *bc* SPL/Robin Scagell; **53** *br* NASA; **54** *tl* SPL; **54** *cl* European Southern Observatory (ESO); **54** *c* NSF/AURA/NOAO/Hilary Mathis; **54** *bl* NASA; **54** *br* NASA; **55** *tr* SPL/Dr Fred Espenak; **55** *bc* Galaxy Picture Library/STScl; **55** *br* SPL/Celestial Image Co; **56** *l* Galaxy Picture Library/NOAO/NURP/OAR; **56** *bc* Galaxy Picture Library/JPL; **56** *br* SPL/NASA; **57** *tr* Galaxy Picture Library/NASA; **57** *c* NASA/M Clampin (STScl), H Ford (JHU), G Illingworth (UCO/Lick), J Krist (STScl), D Ardila (JHU), D Golimowski (JHU), the ACS Science Team and ESA; **57** *br* SPL/ Dr Seth Shostak; **58** *tr* SPL/David Parker; **59** *tl* Galaxy Picture Library/Cavendish Laboratory; **59** *tr* Galaxy Picture Library/NASA/Space Telescope Science Institute; **Endpapers** Royal Astronomical Society.

Páginas web sobre el tema:

www.ras.org.uk (The Royal Astronomical Society)
www.nmm.ac.uk (The Royal Observatory, Greenwich)
www.nasa.gov (NASA)
www.esa.int/export/esaCP/index.html (European Space Agency Portal)

l: izquierda *r*: derecha *t*: arriba *b*: abajo *c*: centro